国家社会科学基金"十三五"规划 2016 年度教育学一般课题
"基于在线课程的中小学混合学习'USSC'实施模式研究"
（课题批准号：BCA160049）结项成果

中小学在线课程
混合学习实施

梁林梅 等◎著

科学出版社
北 京

内 容 简 介

随着我国基础教育信息化的深入发展及抗疫新常态下学校教育教学变革的新需求，中小学在线与混合学习正在从过去的辅助性角色走向技术赋能的以学生为中心教学改革的核心。本书基于笔者所在研究团队与"视像中国"远程教育发展中心（上海市七宝中学）的长期合作，以实践共同体的组织机制对中小学在线课程开发及规模化混合学习实施进行了多年探索，提出了适合我国基础教育信息化发展实际的中小学在线课程设计与开发流程、在线课程校本混合学习实施模式和基于实践共同体的中小学在线课程混合学习实施框架。

本书既有中小学混合学习的理论分析与国际比较，也提供了在线课程开发及实施校本混合学习的典型案例，适合对中小学在线课程设计、开发及混合学习感兴趣的教育管理人员、在职教师及职前教师学习和阅读。

图书在版编目（CIP）数据

中小学在线课程混合学习实施/梁林梅等著. —北京：科学出版社，2021.12
ISBN 978-7-03-071112-0

Ⅰ. ①中… Ⅱ. ①梁… Ⅲ. ①中小学教育－网络教育－教育研究
Ⅳ. ①G632.0

中国版本图书馆 CIP 数据核字（2021）第 270574 号

责任编辑：朱丽娜　高丽丽／责任校对：杨　然
责任印制：张　伟／封面设计：润一文化

科 学 出 版 社 出版
北京东黄城根北街 16 号
邮政编码：100717
http://www.sciencep.com

北京虎彩文化传播有限公司 印刷
科学出版社发行　各地新华书店经销
*

2021 年 12 月第 一 版　开本：720×1000　B5
2021 年 12 月第一次印刷　印张：13 1/2
字数：225 000
定价：88.00 元
（如有印装质量问题，我社负责调换）

目　　录

第一章 引 言

第一节 中小学在线课程混合学习实施的现实背景

近年来，随着国内基础教育综合改革和教育信息化的深入发展，基础教育领域的信息化基础环境得到极大改善，各类数字化学习资源（包括在线课程）日益丰富，教师及学生的信息素养得到不断提升，尤其是受到 2020 年春季新冠肺炎疫情期间全球在线教育常态化实践和抗疫新常态背景下教育教学变革的现实需求的深刻影响，在线教育及在线学习的优势正在逐步被越来越多的教育管理者和教师所接受。如何将线上学习和传统学校的面对面教学相结合，以混合学习的方式提升学校教学的效果和学生学习的有效性，成为新时期基础教育领域研究和关注的重要议题。

一、国内中小学在线课程建设和规模化应用仍然较为有限

在线课程作为一种重要的数字化教学资源及新型课程形态，近年来在高等教育、职业教育、成人教育及社会教育领域获得了快速发展和广泛应用，但在基础教育领域的应用却一直十分有限，持续性的规模化应用不多。

在实践层面，受到全球大规模在线开放课程（massive open online course, MOOC，又译作"慕课"）发展的影响，2013 年 9 月华东师范大学联合全国知名中小学与高等师范院校成立了"C20 慕课联盟"，专注于开发基础教育阶段各学科的教学微视频，为联盟学校提供免费的学习平台和丰富的教学资源，积极推行翻转课堂教学理念，探索翻转课堂教学模式，致力于进行中小学课堂教学改革[①]；为贯彻落实国家教育领域综合改革要求，促进优质资源共享，近年来，

---

① 华师慕课 "C20 慕课联盟" [EB/OL]. http://www.c20mooc.com/mooc/[2021-09-19].

上海、浙江等教育发达地区的教育管理部门非常重视中小学在线课程的建设和应用。例如，在上海市教育委员会的主管下，"上海市高中名校慕课平台"于2016年2月上线运行，旨在建设一批以中学生为对象的高质量慕课，实现本市优质高中课程资源的辐射共享，促进学生学习方式、教师教学方式的变革。平台上的在线课程涵盖语言文学、数学、社会科学、自然科学等多个课程门类，课程的内容也由高中逐步扩展到初中。[①]浙江省教育厅2016年9月印发的《浙江省教育信息化"十三五"发展规划》明确提出了要建设1000门普通高中选修课精品网络课程和1000门义务教育拓展性网络课程。[②]2017年9月，天津市南开区"云动"课程资源平台正式上线，推出了习惯养成、实践活动、传统文化、核心价值观和心理健康五大主题课程，全面开启了小学、初高中课程选修，进行拓展学习，截至2021年4月，南开区"云动"课程资源平台一共产生了15 109 893次访问量，总选课量达到33 493人次。[③]另外，随着新一轮高中新课程改革的深入，近年来普通高中网络选修课开始进入公众的视野，浙江省普通高中选修课网络课程[④]等相继上线，试点地区选择特色学校的优质师资，精心准备选修课程内容，上传到平台上，供高中学生跨校选择自己感兴趣的课程进行学习，学校之间互认学分，这样既丰富了高中选修课程的门类和内容，又使学生体验到了一种完全不同于传统的新型学习方式[⑤]。自2012年以来，本研究团队和北京师范大学教育学部李玉顺教授团队与"视像中国"远程教育发展中心（上海市七宝中学）合作，设计、开发和上线运营了"视像中国"系列中小学在线课程，一直致力于探索和研究中小学在线课程规模化持续应用的有效途径。

从2000年以来国内基础教育领域在线课程的已有研究成果来看，相关研究较为有限，且大多聚焦于某一门课程的设计、开发和小范围、小样本的试验

---

① 上海微校[EB/OL]. http://gzmooc.edu.sh.cn[2021-09-19].

② 浙江省教育厅. 2016-09-20. 浙江省教育厅关于印发《浙江省教育信息化"十三五"发展规划》的通知[EB/OL]. http://jyt.zj.gov.cn/art/2016/9/20/art_1532994_27483882.html[2021-09-19].

③ 教育部教育信息化教学应用实践共同体项目. http://gtt.eduyun.cn/gtt/sjjyxxh20192/20211025/40716.html[EB/OL][2021-09-19].

④ 浙江省普通高中选修课网络课程平台. http://xxk.zjer.cn/estudy/estudyIndex.action[EB/OL][2021-09-19].

⑤ 周蓉. 浅谈高中特色网络选修课程建设方式[J]. 天津教育，2014（7）：41-42.

性应用层面。例如，魏劲设计和开发了适用于高中生信息技术课程教学的网络课程，并以高一学生为对象做了初步的应用试验[①]；唐永华基于中学生的心理特征，建构了中学生网络课程模式，并对网络课程的开发过程进行了初步的设计[②]；宋莉以上海市某中学的初二学生为对象，设计和开发了基于 Moodle 平台的旨在提高中学生媒介素养的网络课程，并开展了教学应用的实践探索[③]；李海燕设计和开发了初中化学网络课程，并以深圳某中学的初三学生为对象，开展了网络课程应用试验研究[④]；梁燕飞设计和开发了高中"信息技术基础"网络课程，并进行了初步的试运行[⑤]；王立敏在多元智能理论的指导下，借助于模块化面向对象的动态学习环境（modular object-oriented dynamic learning environment，Moodle）平台设计和开发了高中信息技术网络课程，并开展了混合教学的实践探索[⑥]；尚俊杰等针对游戏进入中小学课堂教学出现的困难和障碍，分析了游戏类在线课程的设计理念和特点，并探讨了其教学成效[⑦]；马桂霞在分析了小学生安全教育学习需求的基础上，设计和开发了小学生安全教育网络课程[⑧]；梁林梅等以"视像中国"中小学在线课程"探索职业：航空"为例，总结和分析了中学生网络课程设计、开发与实施中的系列问题，并提出了相应的改进建议[⑨]；李玉顺等以活动理论和学习活动为中心的教学设计理论为基础，通过在"视像中国"平台上实施网络课程并尝试优化，提出了适

[①] 魏劲. 高中信息技术网络课程的构建和实施策略研究[D]. 南京：南京师范大学硕士学位论文，2005：15-24.

[②] 唐永华. 基于中学生心理特征的网络课程设计研究[D]. 长春：东北师范大学硕士学位论文，2007：13-30.

[③] 宋莉. 中小学媒介素养网络课程的设计与实施[D]. 上海：上海师范大学硕士学位论文，2008：36-67.

[④] 李海燕. 新课程理念下初中化学网络课程开发的实践与研究[D]. 长沙：湖南师范大学硕士学位论文，2009：31-40.

[⑤] 梁燕飞. 高中信息技术网络课程设计与应用[D]. 太原：山西师范大学硕士学位论文，2010：36-45.

[⑥] 王立敏. 基于多元智能理论的高中信息技术网络课程设计与实践[D]. 石家庄：河北师范大学硕士学位论文，2013：17-29.

[⑦] 尚俊杰，张喆，庄绍勇等. 游戏化网络课程的设计与应用研究[J]. 远程教育杂志，2012（4）：66-72.

[⑧] 马桂霞. 小学生安全教育网络课程的设计与开发[D]. 保定：河北大学硕士学位论文，2013：47-54.

[⑨] 梁林梅，辛雪园，孙锐等. 中学生网络课程设计、开发与实施的实践探索——以《探索职业：航空》为例[J]. 中国电化教育，2015（12）：26-34.

用于初中网络课程设计的网络学习活动设计流程及分析框架，为中学网络课程的设计和开发提供了理论支持及实践指导[①]；米文佐针对当前中小学书法教学的主要困难和障碍，积极借助现代信息技术的优势和丰富的表现形式，设计开发了中小学书法网络课程[②]；焦巧会在"视像中国"民族理解类在线课程已有设计和开发的基础上，以在线课程"民族理解：东乡族"为例，探讨了基于任务驱动的小学在线课程设计与实践问题[③]。另外，北京大学数字化阅读实验室基于互联网教育传播模型开发了适合中小学生的系列主题式"数字化阅读"在线课程，并与江苏省某中学合作，于2015—2017年开展了以学生远程自主学习为主的数字化读写教学实践，共开设课程9门、33期次，选修学生达1122人次。[④]

二、基础教育领域的混合学习研究和实践亟待加强

混合学习是在网络（在线）学习的基础上深入发展而来的。国内外研究者对于混合学习的关注始于2000年左右[⑤]，20多年来关于混合学习的研究和实践经历了从企业培训到高等教育、再到基础教育的不断发展的历程，混合学习也从初期发端于北美，逐步演变成为全球性的实践领域和研究议题。布莱恩·布里奇斯（B. Bridges）根据美国加利福尼亚州的调查数据指出：基础教育阶段的混合学习在快速发展，2012—2014年，传统学校的混合学习增加了43%，特许学校的增长幅度则更明显。[⑥]在K-12在线学习国际联盟（International Association for K-12 Online Learning，iNACOL）发布的《混合学

① 李玉顺，杨莹，吴美琴等. 中学生网络学习活动设计流程及分析框架的研究——基于"视像中国"的初中生网络课程实践[J]. 中国电化教育，2017（5）：80-87.

② 米文佐. 网络课程开发：当前中小学书法教学的新出路[J]. 课程·教材·教法，2018（7）：87-91.

③ 焦巧会. 基于任务驱动的小学在线课程设计与实践研究——以"视像中国"项目"东乡族"课程为例[D]. 兰州：西北师范大学硕士学位论文，2020：34-55.

④ 王梦倩，郭文革，罗强等. 中学生数字化读写特征研究——基于"数字化阅读"在线课程的调查[J]. 现代教育技术，2020（8）：57-64.

⑤ Bonk C J, Graham C R. The Handbook of Blended Learning：Global Perspectives, Local Designs[M]. San Francisco：Pfeiffer，2006：17.

⑥ Bridges B. 2014-04. California eLearning census：Increasing depth and breadth[EB/OL]. http://docplayer.net/14523054-California-elearning-census-increasing-depth-and-breadth.html[2021-09-19].

习：在线教育与面对面教育的聚合》（*Blended Learning: The Convergence of Online and Face-to-Face Education*）中，对北美 K-12 领域 2000 年以来实施混合学习的学校进行了调查分析，揭示出混合学习已经成为很多中小学校用来提升教学质量、培养优秀学生的重要选择。[1]混合学习在 21 世纪之初被编入了美国基础教育词典。[2]

美国教育部等的相关研究不断表明：与单纯的在线学习或面对面学习相比，混合式学习效果更好[3]；迈克尔·霍恩（M. B. Horn）与希瑟·斯特克（H. Staker）在《混合式学习：用颠覆式创新推动教育革命》一书中总结道："在线课程的提供者发现，没有多少学生能够在不受成人直接监督或面对面辅导的情况下完成学业……在线学习和中小学校园的混合成为在线学习融入主流的一项重大突破。"[4]国内黄荣怀等的相关研究认为，混合学习在支持学习者个性化学习、变革教学理念与模式、提升学生学习能力及优化教与学的过程方面有重大突破。[5]

相对于高等教育和职业教育领域混合学习的蓬勃发展和日益普及，基础教育领域的混合学习研究和应用发展缓慢，至今对基础教育变革的影响非常有限。例如，霍尔沃森（Halverson）等在 2012 年以混合式学习为主题，对 2000—2011 年国际期刊论文以及硕博学位论文进行的文献研究中发现，K-12 教育领域尚缺乏混合学习的相关研究[6]；德赖斯代尔（Drysdale）在 2013 年对过去 10 年间发表的 205 篇关于混合学习的硕博论文进行分析，认为 K-12 领域

① NACOL. Blending learning: The evolution of online and face-to-face education[EB/OL]. http://files.eric.ed.gov/fulltext/ED509636.pdf[2021-09-19].

② 〔美〕迈克尔·霍恩，〔美〕希瑟·斯特克. 混合式学习：用颠覆式创新推动教育革命[M]. 聂风华，徐铁英，译. 北京：机械工业出版社，2015：32.

③ U. S. Department of Education. 2010. Evaluation of evidence-based practices in online learning: A meta-analysis and review of online learning studies[EB/OL]. http://www2.ed.gov/rschstat/eval/tech/evidence-based-practices/finalreport.pdf[2021-09-19]；Nagel D. 2009-07. Meta-analysis: Is blended learning most effective?[EB/OL]. http://thejournal.com/Articles/2009/07/01/Meta-Analysis-Is-Blended-Learning-Most-Effective.aspx[2021-09-19]；Means B，Toyama Y，Murphy R，et al. The effectiveness of online and blended learning: A meta-analysis of the empirical literature[J]. Teachers College Record，2013（3）：1-47.

④ 〔美〕迈克尔·霍恩，〔美〕希瑟·斯特克. 混合式学习：用颠覆式创新推动教育革命[M]. 聂风华，徐铁英，译. 北京：机械工业出版社，2015：32.

⑤ 黄荣怀，周跃良. 混合式学习的理论与实践[M]. 北京：高等教育出版社，2006：5-6.

⑥ Halverson L R，Graham C R，Spring K J. An analysis of high impact scholarship and publication trends in blended learning[J]. Distance Education，2012（3）：381-413.

的混合式学习研究虽然有限，但已经开始起步①。国内的俞显等较早对国际混合学习研究现状开展了文献分析，指出混合学习已经广泛应用于高等教育、企业培训以及医学教育领域，但基础教育领域的相关研究却很少②；肖婉等在2016年对2001—2014年国际混合学习的研究状况开展了文献分析，指出混合学习的研究和实践主要集中于高等教育领域，针对K-12学习者的研究较少，开展面向K-12阶段学习者的混合学习研究与实践非常迫切③；马婧等在2019年对2000—2017年国际混合学习领域的热点主题与前沿趋势开展了研究，表明国际混合学习研究领域的关键节点涉及多篇高等教育相关文献，混合学习在高等教育机构的研究与应用持续受到关注，而且本科生学习是国际混合学习研究的重要主题之一④。就国内而言，王国华等对中国知网2003—2012年关于混合学习的文献进行了分析，发现基础教育领域的混合学习研究所占比例仅为3%，研究基础薄弱，成果较少⑤；马志强等对2005—2015年国内混合学习的期刊文献和硕博学位论文的研究分析表明，混合学习研究主要集中在高等教育领域，基础教育领域的相关研究较少⑥。

本研究团队于2014年在"视像中国"远程教育发展中心（上海市七宝中学）的支持下，与上海东方飞行培训有限公司合作，开发上线了第一门面向中学生生涯规划的在线课程"探索职业：航空"。在2014年秋季学期和2015年春季学期在线课程上线运营的前两期，主要采用的是学生课外线上自主学习的方式，但实际运行中却面临着与MOOC实施相同的困境：学生的学习投入及课程完成率都非常低，2014年秋季学期的课程完成率为35%，而接下来一轮

① Drysdale J S，Graham C R，Spring K J，et al. An analysis of research trends in dissertations and theses studying blended learning[J]. The Internet and Higher Education，2013（4）：90-100.

② 俞显，张文兰. 混合学习的研究现状和趋势分析[J]. 现代教育技术，2013（7）：14-18.

③ 肖婉，张舒予. 混合学习研究领域的前沿、热点与趋势——基于Citespace知识图谱软件的量化研究[J]. 电化教育研究，2016（7）：27-33，57.

④ 马婧，周倩. 国际混合学习领域热点主题与前沿趋势研究——基于科学知识图谱方法的实证分析[J]. 华东师范大学学报（教育科学版），2019（4）：116-128.

⑤ 王国华，俞树煜，黄慧芳等. 国内混合式学习研究现状分析[J]. 中国远程教育，2015（2）：25-31.

⑥ 马志强，孔丽丽，曾宁. 国内近十年混合式学习研究趋势分析——基于2005—2015教育技术领域学位论文[J]. 现代远距离教育，2015（6）：73-81；马志强，孔丽丽，曾宁. 国内外混合式学习研究热点及趋势分析——基于2005—2015年SSCI和CSSCI期刊论文比较[J]. 现代远程教育研究，2016（4）：49-57，102.

的完成率则更低（29%）。

"视像中国"远程教育发展中心与本研究团队在深入"视像中国"在线课程学校调研的基础上，提出了将在线课程与校内相关学科课程融合、将在线课程与校本课程融合、将在线课程与社团活动融合，并且采用线上线下混合学习的实施建议。随着"视像中国"项目学校根据各自的实际积极探索的多种混合学习方式的实施，2015 年秋季学期的课程完成率提高到 77%，在接下来的多期运营中，在线课程的完成率和优秀率都逐步提升，2018 年秋季学期和 2019 年秋季学期的课程完成率超过 90%，优秀率超过半数。"视像中国"中小学在线课程实施的多年经验表明：线上线下混合学习是提高在线课程学习效果的有效途径。

三、新冠肺炎疫情期间的大规模在线教学推动中小学混合学习快速发展

2020 年，一场突如其来、席卷全球的新冠肺炎疫情扰乱了人们的正常工作和生活，迫使包括中国在内的许多国家的学校不得不暂时停止了学校教室内常规的线下教学，转而寻求疫情防控期间更加切实可行的替代性解决方案。据联合国教育、科学及文化组织（United Nations Educational，Scientific and Cultural Organization，UNESCO）实时统计，截至 2020 年 4 月 17 日，疫情已经导致全球 191 个国家的 15.8 亿学生停课，占全部在校学生的 91.3%。[1]为了应对疫情的挑战，全球大部分学校都不约而同地采取了"线上教学、居家学习"等新型教与学方式。自 2020 年元月底教育部推出"停课不停学"的教育政策以来，2020 年春季学期，几乎所有的中国教育管理人员、一线教师及学生和家长都被迫卷入了这场前所未有的大规模、常态化的在线教与学"大实验"之中。基础教育领域的在线教学、在线学习也由过去不受重视的辅助性角色成了疫情防控期间社会舆论、学校教育教学及家庭教育的中心。

在对疫情大范围暴发期间在线教学及后疫情时代或抗疫常态化新时期学校教学变革的诸多研究和反思中，"混合学习"成为频频出现的关键词。例如，

---

① 中国教育科学研究院课题组. 用屏幕照亮前程，用技术跨越障碍——"停课不停学"的中国经验[N]. 光明日报，2020-04-21（14）.

李政涛认为，对于基础教育而言，新冠肺炎疫情的出现是一个分界线，此后世界基础教育将分为前疫情时代的基础教育和后疫情时代的基础教育，人类正在全面进入"双线教学"的时代，深度进入"线上教学与线下教学混融共生"，即"双线混融教学"的新时代，"双线教学"面临的不再是"可行与否"的问题，而是"如何更好"的问题①；冯建军指出，后疫情时期，我们一定不能错过线上教育的发展时机，因为它代表着未来教育的发展方向，疫情之后，教育的恢复并非回到疫情之前的常态，而是经过非常态之后重新构建一种常态，这是后疫情时期教育的新常态，在教学方式上，既要看到线上教学的便利，又要看到线下教学的不可替代性，逐步推进建立线下线上混合、融合的教学模式②；季明明认为，混合学习模式是构建疫情之后"全新教育生态"的重要载体，其深入应用可充分彰显教育信息化技术关于支持创新性学习进而深度发掘学生个性潜能、打造高效课堂、促进高阶思维、有效培育核心素养的特殊育人功能，是实现构建"全新教育生态"这一宏大目标的重要举措③。还有研究者强调，我们不能仅仅把线上教育作为线下教育的临时替代或补充，要以这次疫情的线上教育实验为契机，加快构建线上线下融合的教学新机制，充分发挥各自的优势和不可替代性。④因此，疫情的出现及抗疫新常态的现实需求，也对基础教育领域的线上学习及混合学习研究提出了新的期望和挑战。

2020年9月22日，习近平总书记在教育文化卫生体育领域专家代表座谈会上讲话时指出，"要总结应对新冠肺炎疫情以来大规模在线教育的经验，利用信息技术更新教育理念、变革教育模式"⑤。在深入总结新冠肺炎疫情防控期间大规模在线教育宝贵经验的基础上，为了巩固新冠肺炎疫情期间中小学线上教育教学成果，2021年1月，《教育部等五部门关于大力加强中小学线上教育教学资源建设与应用的意见》出台，提出通过"汇聚推广疫情期间线上教育

　　① 李政涛. 基础教育的后疫情时代，是"双线混融教学"的新时代[J]. 中国教育学刊，2020（5）：5.

　　② 冯建军. 后疫情时期重构教育新常态[J]. 中国电化教育，2020（9）：1-6.

　　③ 季明明. 牢牢把握国家教育信息化战略的精髓[J]. 基础教育论坛，2020（27）：4-13.

　　④ 杨扬，张志强，吴冠军等. "疫情下的信息技术与在线教学"笔谈[J]. 基础教育，2020（3）：48-60.

　　⑤ 习近平. 2020-09-22. 在教育文化卫生体育领域专家代表座谈会上的讲话[EB/OL]. http://www.gov.cn/xinwen/2020-09/22/content_5546157.htm[2021-09-19].

教学积累的宝贵经验，健全资源质量标准，完善资源开发遴选、更新提高、开放共享机制"等举措，确保"利用线上教育资源教与学成为新常态。优质教育资源共享共用格局基本完善，信息化推动教育公平发展和质量提升的作用得到有效发挥"。该意见明确指出，要建立学科课程教学资源、专题教育资源和学习活动资源……积极推动线上线下混合教学，拓展教学时空，促进教学组织方式重构和教学方法创新 。①

在当今疫情防控成为教育教学的新常态和我国基础教育领域育人方式和教育教学改革不断走向深入的新阶段，"实践充分证明，线上教育教学资源对于促进学生自主学习、农村地区共享优质教育资源和提高课堂教育教学质量具有重要作用……线上线下教育教学融合发展是教育信息化的重要内容"②。该意见的出台可谓正当其时，非常重要也非常及时，满足了当前人民群众对于优质线上教育教学资源的热切需求，对于进一步推进我国中小学在线教育的发展，尤其是系统化的优质在线资源建设与共享共用和提高基础教育应对重大突发事件的能力，具有重要的引领与指导意义，对于推进信息技术与中小学教育教学融合创新、教学内容重构、教学方式优化和教学组织变革等方面将产生深远的影响。

四、实践共同体正在成为推动基础教育信息化深入发展的新形态和新需求

随着云计算、大数据、物联网、人工智能、5G 等技术的飞速发展及我国教育信息化 "2.0 新阶段"融合创新的新要求，近年来基础教育信息化的发展已经由过去以个体学校为单位的建设和应用阶段走向了区-校协同发展甚至是跨区域协同发展的新阶段。推动区域教育信息化发展的组织机制和实施模式，正在从以教育管理部门自上而下行政推动为主的单一模式，逐步走向多主体共同参与的协同模式。例如，胡小勇针对区域教育信息化发展面临的困境和瓶颈，基于经济学

---

① 教育部等. 2021-01-20. 教育部等五部门关于大力加强中小学线上教育教学资源建设与应用的意见[EB/OL]. http://www.moe.gov.cn/srcsite/A06/s3325/202102/t20210207_512888.html[2021-09-19].

② 教育部. 2021-02-08. 教育部有关负责人就五部门《关于大力加强中小学线上教育教学资源建设与应用的意见》答问[EB/OL]. http://www.gov.cn/zhengce/2021-02/08/content_5586115.htm[2021-09-19].

的"路径依赖"理论提出了利益相关者多方协同的可持续发展策略[①]；左明章等针对我国区域教育信息化推进中一直采用的"政府投入、中小学校使用"的实施策略的不足，提出了高校、政府、企业和中小学校"四方合作、协同发展"的区域教育信息化四方协同推进机制[②]；徐晶晶等认为，"教育信息化所涌现出的一些实际问题，依靠某一单一主体显然已难以有效解决，原有的以政府和学校为主要推进主体的边界正被逐步打破，出现了高校、企业和家庭等多主体协同发展的新趋势"[③]。总体上而言，上述相关研究和分析仍然是在政府主导及利益相关者视角的协同框架下展开的。

实践共同体作为一种与正式的具有科层性质的行政管理机制截然不同的非正式、开放性组织形态，近年来在教育领域引起了较为广泛的关注。实践共同体作为一种理论框架、组织形态及实施路径，正在成为促进各类群体实现跨部门、跨区域协同发展的有效方式。随着教育领域对实践共同体的不断探索，出现了多种样态的实践共同体，例如，促进教师专业发展的教师实践共同体、以改进教学实践为目的的教学实践共同体、随着互联网不断普及而出现的在线实践共同体、教育研究机构（高校）和中小学合作的"U（university，大学）-S（school，中小学）"协同实践共同体、教育信息化实践共同体等。[④]

在推动基础教育信息化跨部门、跨学校、跨区域协同发展的新思路、新模式探索中，实践共同体同样引起了广泛关注。将实践共同体的组织形态应用于区域教育信息化的变革实践，可以追溯至 2008 年上海市教育委员会启动实施的"上海市教育信息化应用实践学校"项目。该项目的设计和实施者认识到，中小学教育信息化的推进是一项涉及教育系统各层面的、需要集体协作的工

---

① 胡小勇. 路径依赖视角下的区域教育信息化可持续发展策略研究[J]. 中国电化教育，2008（11）：1-5.

② 左明章，雷励华. 协同视角下的区域基础教育信息化建设过程模式研究[J]. 电化教育研究，2016（7）：19-26； 左明章，卢强. 区域教育信息化协同推进机制创新与实践[J]. 中国电化教育，2017（1）：91-98.

③ 徐晶晶，黄荣怀，王永忠等. 区域教育信息化协同发展：挑战、实践模式与动力机制[J]. 电化教育研究，2019（6）：43-49.

④ 李子建，邱德峰. 实践共同体：迈向教师专业身份认同新视野[J]. 全球教育展望，2016（5）：102-111；赵家春，李中国. 从实习场到实践共同体：教师职前实践的组织建设策略[J]. 教育发展研究，2015（18）：73-79. 伍红林. 教育理论研究者深度介入下教师实践共同体的发展[J]. 教育发展研究，2011（20）：23-28.

程，不是单靠信息化主体实施单位（学校）就能完成的。项目组提出了通过构建"教育信息化实践共同体"来突破农村学校信息化发展瓶颈的新思路，构建了"教育信息化实践共同体"的理论模型，并且将之应用于南汇区今日学校和闵行区华漕中心小学两所农村学校。[①]另外，荆永君等探讨了借助共同体模式实施区域基础教育信息资源建设的思路，并且将之应用于教育部"农村中小学现代远程教育工程"资源开发项目——沈阳市和平区初中数学教学知识点资源包开发的实践[②]；徐光涛等以"柳州课件中心组"为案例，探讨了教育信息化草根共同体的特征和内在机制[③]；吴秀圆探讨了高校（湖北省信息化与基础教育均衡发展协同创新中心）和区域（湖北省咸宁市咸安区）协同背景下，同步课堂实施过程中的城乡教师实践共同体的构建与活动开展问题[④]；杨廷以教育部教育信息化应用典型案例单位重庆市大足区为对象，探讨了"联体课堂"环境下城乡教师实践共同体的构建策略问题[⑤]。

为了促进教育信息化的深入发展，教育部在 2018 年 9 月启动了"2018 年度教育信息化教学应用实践共同体项目"。该项目针对在教育信息化应用和推进的过程中存在的区域之间、学校之间的协作和发展不足，限制了应用成果的推广价值和应用模式的发展等关键问题，探索以实践共同体的组织形式协同推进区域和学校的信息化教学应用，尤其是要处理好教育行政部门和共同体的关系——教育行政部门不是共同体建设和实施的主体，但在信息化教学应用实践共同体的建设和发展过程中不可或缺，其角色和作用主要是"支持""指导""管理"；鼓励跨区域合作，鼓励在项目实施的过程中不断吸收新成员，完善成员构成结构，丰富共同体实践经验和成果；鼓励建立多方协同的参与机制，其中既要有牵头单位的统筹协调和组织领导，有核心成员单位的积极参与，还要

① 梁志华，王昭君，李艳. 构建教育信息化实践共同体突破农村学校发展瓶颈——农村教育信息化应用实践学校的探索[J]. 中国电化教育，2008（6）：17-21.

② 荆永君，李昕. 区域基础教育信息资源建设共同体模式实践研究[J]. 中国电化教育，2011（1）：83-86.

③ 徐光涛，吴永强，任友群. 唤醒基层教师信息技术应用能力提升的内在力量——以中西部基层教师教育信息化草根共同体为例[J]. 中国电化教育，2014（8）：8-13.

④ 吴秀圆. 同步课堂背景下的城乡教师实践共同体发展研究[D]. 武汉：华中师范大学硕士学位论文，2015：40-50.

⑤ 杨廷. "联体课堂"环境下城乡教师实践共同体的构建策略研究[D]. 重庆：西南大学硕士学位论文，2018：63-70.

有从事理论研究的专家为确定实践共同体的发展方向和内容提供指导，有从事实践研究的骨干教师、教研员开展具体的实践指导，有从事技术支撑的电教人员为日常运行提供技术支持。①继 2018 年度项目之后，教育部又相继启动了 2019 年度和 2020 年度教育信息化教学应用实践共同体项目。②

"视像中国"远程教育实践共同体是基础教育领域教育信息化实践共同体的一个典型案例。该共同体起源于 2004 年由香港特区政府资助的一个高校研究者和中小学密切合作的基础教育领域的远程教育类科学研究项目，经历了从香港中小学到内地教育发达地区，再到中西部地区的发展，经历了实践共同体的初创、成长和不断完善的长期发展过程。经过十多年的发展，其已成为国内基础教育信息化实践领域产生一定影响的、较为成熟的实践共同体组织。③本书探讨的中小学在线课程混合学习实施，正是依托"视像中国"远程教育实践共同体这一独特的组织机制展开的。

第二节　关键概念介绍

一、混合学习

从当前基础教育领域在线教育的实施主体来看，既有校内的正规教育系统，也有校外教育、培训机构。本书聚焦于正规教育体系中的混合学习实施问题。

国际混合学习研究领域的知名学者、《混合学习手册：全球视野与本土设

---

① 教育部办公厅. 2018-10-09. 教育部办公厅关于做好 2018 年度教育信息化教学应用实践共同体项目推荐遴选工作的通知［EB/OL］. http://www.moe.gov.cn/srcsite/A16/s3342/201810/t20181012_351289.html［2021-09-19］.

② 教育部科技司. 2019-10-30. 教育部科技司关于做好 2019 年度教育信息化教学应用实践共同体项目推荐遴选工作的通知［EB/OL］. http://www.moe.gov.cn/s78/A16/tongzhi/201911/t20191114_408243.html［2021-09-19］；教育部科技司. 2021-02-07. 教育部科技司关于公布 2020 年度教育信息化教学应用实践共同体项目名单的通知［EB/OL］. http://www.moe.gov.cn/s78/A16/tongzhi/202102/t20210209_513130.html［2021-09-19］.

③ 陈圣日，许波. 跨越学校围墙的教育："视像中国"远程教育项目十年追梦［M］. 北京：北京师范大学出版社，2016：序.

计》（*The Handbook of Blended Learning：Global Perspectives，Local Designs*）一书的主编、印第安纳大学教授柯蒂斯·邦克（C. J. Bonk）认为，混合学习是人们对传统课堂上的面对面教学和远程在线学习进行深刻反思后形成的一种新型学习方式，其理论起点处于"面对面教学"与"在线学习"的集合处，而其实践起点则源于企业培训。邦克在《混合学习手册：全球视野与本土设计》中对混合学习的界定如下："混合学习是面对面教学与在线学习的结合。"①

《混合式学习：用颠覆式创新推动教育革命》一书对混合学习的定义如下："起源于在线学习……是正规的教育项目。学生的学习过程至少有一部分是通过在线进行的，在线学习期间学生可自主控制学习的时间、地点、路径或进度……学生的学习活动至少有一部分是在家庭以外受监督的实体场所进行的。"②该定义同时强调，在进行混合学习设计和实施时，还需要将学生在学习一门课程或科目时的各种模块结合起来，使学生形成一种整合式的学习体验。除此之外，该定义还突出了线上学习过程中"学生自主控制"的关键特征，否则混合学习就与教师通过电子白板为教室里的学生讲授在线课程毫无区别了。③在2018年出版的《K-12在线与混合学习研究手册（第二版）》[*Handbook of Research on K-12 Online and Blending Learning*（Second Edition）]中，作者也沿用了上述定义。④

在这一概念被引入时，国内研究者对其的理解和认识曾产生过一定的争议，大体上可以分为广义的混合学习和狭义的混合学习两大类。广义的混合学习是"各种学习理论的混合"或者"各种教学媒体的混合"，或者"各种教学策略（方法）的混合"等⑤；狭义的混合学习特指面对面的课堂学习和在线学

---

①　Bonk C J，Graham C R. The Handbook of Blended Learning：Global Perspectives，Local Designs[M]. San Francisco：Pfeiffer，2006：48.

②　〔美〕迈克尔·霍恩，〔美〕希瑟·斯特克. 混合式学习：用颠覆式创新推动教育革命[M]. 聂风华，徐铁英，译. 北京：机械工业出版社，2015：31-34.

③　〔美〕迈克尔·霍恩，〔美〕希瑟·斯特克. 混合学习：用颠覆式创新推动教育革命[M]. 聂风华，徐铁英，译. 北京：机械工业出版社，2015：34-35.

④　Kennedy K，Ferdig R E. Handbook of Research on K-12 Online and Blending Learning（Second Edition）[M]. Pittsburgh：Entertainment Technology Center（ETC）Press，2018：9

⑤　詹泽慧，李晓华. 混合学习：定义、策略、现状与发展趋势——与美国印第安纳大学柯蒂斯·邦克教授的对话[J]. 中国电化教育，2009（12）：1-5.

习两种方式的有机整合①，或者混合学习就是要把传统学习方式的优势和网络学习的优势结合起来，既要发挥教师引导、启发、监控教学过程的主导作用，又要充分体现学生作为学习主体的主动性、积极性与创造性，只有将二者结合起来，使二者优势互补，才能获得最佳的学习效果。②本书采用狭义的混合学习概念。

因此，本书认为混合学习是一种随着网络（在线）学习而兴起的新型的数字化、信息化学习方式，更是一种技术支持的以学生为中心的学习方式。与传统的学校班级教学相比，混合学习赋予了学生更多的学习控制权和选择权，为学生提供了更多参与学习的机会。因此，混合学习能够在传统的班级教学的基础上，为学生提供更加个性化的学习机会。混合学习的有效实施，可以在一定程度上激发学生的学习动机，提高学生的学习参与性，增强学习的个性化。同时，混合学习要求学生为自己的学习负责任，对学生的信息素养、自我管理能力、自主学习能力等都提出了新的挑战，也对教师的教学能力提出了新的要求。此外，混合学习的有效实施还需要混合学习环境及丰富的在线学习资源（包括在线课程）等的支持。

二、实践共同体

从混合学习的实施机制来看，既有以教育管理部门自上而下推动为主的行政实施模式，也有以非正式的实践共同体组织机制为主的实施模式，本书聚焦于基于实践共同体的混合学习实施研究。因此，实践共同体是本书涉及的另一个关键概念，也是本书关注的中小学在线课程混合学习跨区域、规模化实施依托的组织机制。

自 1991 年人类学家让·莱夫（J. Lave）和埃蒂纳·温格（E. Wenger）在《情境学习：合法的边缘性参与》（*Situated Learning：Legitimate Peripheral Participation*）③一书中提出实践共同体这一概念以来，至今已经经历了 30 余

---

① 李克东，赵建华. 混合学习的原理与应用模式[J]. 电化教育研究，2004（7）：1-6.
② 何克抗. 从 Blending Learning 看教育技术理论的新发展（上）[J]. 中国电化教育，2004（3）：5-10.
③ 该书的中文版已于 2004 年由华东师范大学出版社出版。

年的发展，这一概念正在逐步被国内的教育研究者和实践者熟悉、接受。回顾30多年来实践共同体理论研究和实践应用的发展，对于这一概念的理解和认识也处于不断的发展和变化之中，总体来说，经历了如下两个阶段的演变。

（一）第一阶段：将实践共同体视为一种工作场所中非正式学习的解释性理论

人类学家最初借助这一概念来描述和分析工作场所的实践者日常学习过程中普遍存在的一种重要的学习机制——"学徒制"。他们用"实践共同体"这一术语来描述学徒生活中的非正式组织关系和非正式学习现象，并且首次引入了"合法的边缘性参与"这一关键概念来描述日常生活中学徒参与共同体实践的方式。莱夫和温格从情境学习的解释性理论视角指出："'共同体'这一术语既不意味着一定要是共同在场、定义明确、相互认同的团体，也不意味着一定具有看得见的社会性界限。它实际意味着在一个活动系统中的参与，参与者共享他们对于该活动系统的理解，这种理解与他们所进行的行动、该行动在他们生活中的意义以及对所在共同体的意义有关。"①

（二）第二阶段：将实践共同体视为一种面向实践问题解决和推动组织变革的管理工具与行动框架

实践共同体概念一经提出，就得到了研究者和实践者的广泛关注，随着影响的扩大和应用领域的拓展，其自身的内涵也处于不断发展之中。温格在著作《实践共同体：学习、意义和身份》（*Communicaties of Practice：Learning，Meaning and Identity*）中，对实践共同体的概念进行了发展，强调"我们所有人都归属于各种实践共同体，我们在既定时刻都归属于多个实践共同体，如家庭、工作、学校以及爱好。同时，我们所归属的实践共同体又改变着我们的生活轨迹"②。温格等在2002年出版的另外一本面向企业管理人员和实践者的具有指南性质的专业著作《实践社团：学习型组织知识管理指南》（*Cultivating*

---

① 〔美〕让·莱夫，〔美〕埃蒂纳·温格. 情景学习：合法的边缘性参与[M]. 王文静，译. 上海：华东师范大学出版社，2004：45.
② 〔美〕埃蒂纳·温格. 实践共同体：学习、意义和身份[M]. 李茂荣，欧阳忠明，任鑫等，译. 南昌：江西人民出版社，2018：4.

Communities of Practice:A Guide to Managing Knowledge）①中，将实践共同体从情境认知和社会性学习框架下的解释性理论拓展为推动组织现实问题解决和变革创新的管理工具。温格认为，实践共同体有着共同的关注点、同样的问题或者对同一话题的热情，通过在不断发展的基础上互相影响，以加深对共同关注领域（或问题）的认识，并提升专业技能。②这是实践共同体概念和内涵发生转变的一个重要标志。

　　本书对于实践共同体的界定，正是基于第二阶段的内涵发展进行的。本书对实践共同体的界定如下：处于不同组织或不同机构、不同专业发展阶段的，具有共同愿景、共享信念、追求共同事业的一群人，基于明确的实践和真实的任务，通过非正式的组织机制、合法的身份、不同的角色和长期的共同参与，以共同解决正式组织发展和变革中面临的关键问题，同时促进自身的专业成长。③

　　实践共同体是多元化的，具体如下：①从产生和形成的机制来看，既可以是自发的，也可以是外部有意识推动的。一些实践社团是出于某些人员的共同兴趣和价值追求而自发、自觉组织形成的。在另外一些情景下，为了推动实践的发展，在正式组织或机构的意识推动下形成了实践共同体这样一种独特的非正式组织。②从规模来看，可以是大规模的，也可以是小型的。③从时间跨度来看，既可以是长期的，也可以是短期的。④从形式来看，既可以是集中的，也可以是分散的。尤其是随着互联网和移动学习的发展，网络环境下的实践共同体更是把真实世界和虚拟世界的交流互动整合起来，形成了一种线上线下相结合的混合环境。⑤从专业类型来看，既可以是同一专业的，也可以是跨专业的。实践共同体的开放性特点，更是为不同背景、不同专业的人员共同探讨感兴趣的话题和问题提供了跨边界的沟通、交流平台。

　　一个成熟的实践共同体通常包含核心组（协调员）、积极组、外围组和外部人员四类角色，其在共同体中的作用各不相同，如图 1-1 所示。

---

① 该书的译者将"community"译作"社团"，而不是"共同体"。

② 〔美〕埃蒂纳·温格，〔美〕理查德·麦克德马，〔美〕威廉姆·M. 施奈德. 实践社团：学习型组织知识管理指南[M]. 边婧，译. 北京：机械工业出版社，2003：4.

③ 梁林梅，沈芸，耿倩倩. 信息化教学应用实践共同体：内涵、特征、运行结构与改进建议——以教育部 2018 和 2019 年度"教育信息化教学应用实践共同体"项目为例[J]. 电化教育研究，2021（9）：49-55.

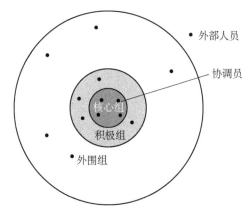

图 1-1 实践共同体中的成员角色

1）核心组（协调员）。核心组处于整个实践共同体的中心，其对共同体的实践和活动抱有极大的热情和坚定的信念，会持续、积极地参与共同体的各项活动。他们是共同体的心脏，通常扮演着组织者、领导者和协调员的角色。但核心组所占比例很低，占整个共同体成员总数的10%～15%。在核心组的成员中还有一类不可或缺、至关重要的关键角色称为"协调员"，他们承担着引领共同体发展方向、规划和推动共同体关键活动、评估共同体发展等重要功能，同时也受到共同体成员的广泛认可和尊重。

2）离核心组最近的是积极组，这些人也对共同体抱有一定的热情，认可和支持共同体的价值追求，会定期参加共同体的活动，但没有核心组成员那么坚定、有规律，也没有那么投入。积极组成员所占比例也较低，占共同体成员总数的15%～20%。

3）共同体成员中的大部分都属于外围组，他们出于多种目的加入实践共同体，但并没有很高的热情和积极性，只是在必要的时候偶尔参与共同体的活动。通常情况下，他们是共同体中的"旁观者"，被动地观看核心组和积极组成员的互动。

4）所有的实践共同体还拥有一些外部人员，从身份上讲，他们并不属于共同体内部成员，但也对共同体的领域或活动感兴趣，偶尔会参与一些共同体的活动，具有一定的动态性和不确定性。共同体中成员的身份不是固定不变的，随着实践共同体的发展，一些外部人员、外围人员也有可能成长为共同的核心和积极成员，其自身的角色也从合法的边缘性参与者转变为某一实践领域成熟的专业人员。由于种种原因，处于核心组和集体组的成员也有可能成为外围组成员，甚至是退出共同体的活动。实践共同体的重要价值就在于为共同体中的新手成员（合法的边缘参与者）提供了不断学习和专业成长的机会和环境。

尽管实践共同体在本质上是自发的和非正式的，事实上任何能够健康、持久发展的实践共同体都需要正式组织的支持和有意识地"培育"。正如植物的生长一样，人们不能拉它的茎、叶或花瓣来使它长得更快、更高，但是为了帮助它长得健康，可以做许多事情，如松土、浇水，保证它吸收足够的营养，确保适当的日照时间，保护它不受害虫和野草的侵犯等。类似地，组织可以为实践共同体的成长和发展提供必要的资源，创建支持性的环境，为其成员提供充足的活动时间和其他资源。①

三、"视像中国"远程教育实践共同体

2021 年，是"视像中国"远程教育实践共同体成长和发展的第十七个年头，它已成为中国基础教育领域极具影响力的开放教育实践②，也是本书关注的中小学在线课程混合学习研究和跨区域实施的重要实践场景。

"视像中国"远程教育实践共同体的起点是 2004 年香港中文大学信息资讯系黄宝财教授和香港联校资讯科技学会联合申报的、由香港特区政府优质教育基金会资助的一个高校和中小学合作共同推进香港和内地中小学网络校际交流协作的科研项目。2008 年，该项目在香港优质教育基金成果展中脱颖而出，荣获金质奖章。③

2008 年，"视像中国"项目作为一个科研项目结项之后，2011 年在上海市七宝中学成立了"视像中国"远程教育发展中心，2019 年由上海市七宝中学申报的"'视像中国'远程教育项目：区域协作，携手发展"被教育部评为2018—2019 年度全国基础教育信息化应用典型案例。④"视像中国"项目经历

---

① 〔美〕埃蒂纳·温格，〔美〕查理德·麦克德马，〔美〕威廉姆·M. 施奈德. 实践社团：学习型组织知识管理指南[M]. 边婧，译. 北京：机械工业出版社，2003：44-53.

② 陈圣日，许波. 跨越学校围墙的教育："视像中国"远程教育项目十年追梦[M]. 北京：北京师范大学出版社，2016：26.

③ 陈圣日，许波. 跨越学校围墙的教育："视像中国"远程教育项目十年追梦[M]. 北京：北京师范大学出版社，2016：2.

④ 教育部基础教育司. 2019-12-20. 关于公布 2018—2019 年度基础教育信息化应用典型案例名单的通知[EB/OL]. http://www.moe.gov.cn/s78/A06/tongzhi/202006/t20200628_468839.html[2021-09-19].

了十几年的发展历程，到今天仍然活跃在中国基础教育信息化实践的舞台，逐步演变和发展为在国内教育信息化实践领域产生一定影响的较为成熟的实践共同体组织。

上海市教育委员会倪闽景先生说：

> "视像中国"项目发端于香港，在香港和内地几十个区域不断推广应用，一晃已经十年了。这十年刚好是互联网蓬勃发展的十年，也是中国教育信息化迅猛发展的十年。当很多人还在讨论信息化在教育领域美好的应用前景时，"视像中国"却已经把教育信息化付诸实践，并且取得了令人瞩目的成效……"视像中国"给学生提供了一个无限广阔的学习平台，从香港，到上海，到宁波，到井冈山，到全国几十个区域，几百所学校……为学生创造性实践提供了一个全新的发展平台……"视像中国"搭建了一个全新的多方资源融合平台，高校和研究部门的研究与引领，博物馆等校外教育资源的融入，香港与内地政府部门、学校的跨区域合作，使这个项目呈现出一个内涵十分丰富的形态……一种非官方力量主导，充满生命力的教育综合改革试验，其成功的路径本身就是一个十分值得关注的研究内容。①

上海市七宝中学原校长、上海市特级校长仇忠海先生指出：

> 就一个学校范围而言，三两个人带着热情积极投入实验，终难成气候，或早早偃旗息鼓作罢，或因实验规模难以扩大而不了了之，最后沉淀下来的依然是简单地使用 PPT 上课或偶尔有样板式的展示示范。"视像中国"远程教育发展中心成立之后在平台建设上做了一件非常有意义的事情，就是运用中心平台为各项目区域提供合作研究环境，让每个学校可能的三两个热情积极的人可以跨区域联合起来，在平台里形成大气候，形成氛围，一起协作研究共同发展。②

本研究团队自 2012 年开始和北京师范大学教育学部李玉顺教授团队一起

---

① 陈圣日，许波. 跨越学校围墙的教育："视像中国"远程教育项目十年追梦[M]. 北京：北京师范大学出版社，2016：序

② 陈圣日，许波. 跨越学校围墙的教育："视像中国"远程教育项目十年追梦[M]. 北京：北京师范大学出版社，2016：前言.

加入"视像中国"远程教育实践共同体，承担了在线课程开发、教师培训、实践共同体发展专业指导及研究等多重任务，既是实践共同体的核心成员（"局内人"），又是实践共同体的研究者（与研究对象保持适当的距离，从"局外人"的视角重新分析、理解和反思研究对象的语言与行为）。为了理解和探究"视像中国"实践共同体的发展历程、组织机制及共同体机制下混合学习规模化、持续性实施的有效路径，本研究团队采用了参与式观察、深度访谈及案例研究等质性研究方法，对"视像中国"实践共同体进行了长期的扎根研究。

四、在线课程（网络课程）

在线课程是"视像中国"远程教育实践共同体开展混合学习跨区域、规模化实施依托的重要线上学习资源。

所谓在线课程（online course），也称作网络课程（web-based course），是在课程论、学习论、教学论等的指导下通过网络实施的课程，是为实现某学科领域的课程目标而设计的网络学习环境中教学内容和教学活动的总和，包含教学内容、学习资源、教学策略、学习支持、学习评价和教学活动 6 个要素[1]，如图 1-2 所示。

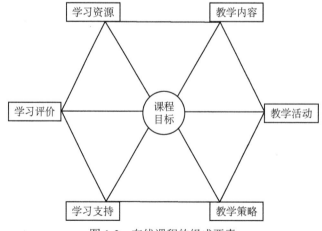

图 1-2　在线课程的组成要素

---

① 武法提. 网络课程设计与开发[M]. 北京：高等教育出版社，2007：3.

与传统的面对面教学不同，在线课程的学习是一种典型的以学生为中心的方式，需要学习者具备一定的自我管理和自主学习能力，实施过程中主要是以异步的方式来进行，通常会辅以适当的同步学习活动（如网络直播讲座等）。为了激励和支持学习者的在线学习，师生和生生之间通常会借助于各类软件（如 QQ、微信及直播软件等）开展互动和交流。因此，网络课程集教师、教材、教学媒体、学习指导等多种角色和功能于一体，是整个在线教学的重要部分。

本研究团队和北京师范大学教育学部李玉顺教授团队作为"视像中国"远程教育实践共同体的密切合作者，自 2012 年开始与上海东方飞行培训有限公司、上海航天技术研究院等机构合作，设计、开发和运营了"视像中国"中小学在线课程，课程平台由"视像中国"远程教育发展中心提供支持。2014—2020 年，共开发上线了三个系列的 15 门在线课程，如表 1-1 所示。

表 1-1 "视像中国"中小学在线课程列表

类型	课程名称	开发团队
信息素养类	数字化学习	河南大学
	触摸信息技术前沿	北京师范大学
生涯规划类	探索自我	北京师范大学
	探索外部世界	北京师范大学
	生涯规划与管理	北京师范大学
	我型我秀	北京师范大学
	探索职业：航空	河南大学
	探索职业：航天	河南大学
民族理解类	民族理解：佤族	河南大学
	民族理解：白族	河南大学
	民族理解：哈尼族	河南大学
	民族理解：苗族	北京师范大学
	民族理解：蒙古族	北京师范大学
	民族理解：东乡族	北京师范大学
	民族理解：咖啡云南	北京师范大学

第二章 国际 K-12 在线教育与混合学习发展现状

第一节 美国 K-12 在线教育：现状、系统结构与政策分析

与全美高等教育领域的在线教育发展速度和普及程度相比，美国的 K-12 在线教育发展要相对落后一些。回顾和总结美国 K-12 在线教育的发展历程，初期阶段主要应用于资源共享和作为学校面对面教学的辅助与补充，之后开始走向多种场景的多样化应用。与全日制在线教育（及全网络课程）相比，结合了在线学习和面对面学习优势的混合学习更加符合 K-12 学生的现状和需求，受到越来越多学区、学校和教师的欢迎。联邦政府及许多州正在采取更加积极的在线教育政策，鼓励更多的在线教育实践探索和创新，以推动美国 K-12 教育系统的高效和高质量发展。

一、美国 K-12 在线教育的缘起和动因

（一）美国 K-12 在线教育的源头

追溯美国 K-12 在线教育的缘起，可以找到两个独立发展的历史事件：校外远程教育和校内的计算机辅助教学（computer assisted instruction，CAI）。

1. 校外远程教育

美国 K-12 领域的校外远程教育起源于函授教育，主要服务对象是那些由于各种原因无法到传统学校上学的学生。它的典型应用包括 1921 年建立的俄亥俄空中学校（Ohio School of the Air），1929 年内布拉斯加大学林肯分校

（University of Nebraska Lincoln）主办的独立学习高中，1953 年艾奥瓦大学（The University of Iowa）建立的为 K-12 服务的教育电视系统，1961 年普渡大学（Purdue University）利用美国空军广播系统开展的 K-12 远程教学及 1971 年美国宇航局（National Aeronautics and Space Administration，NASA）利用 ATS-1 卫星为山区孩子提供的远程教学服务等。①

2. 校内计算机辅助教学（CAI）

自 20 世纪 60 年代以"自动化教学操作的程序逻辑"（programmed logic for automated teaching operations，PLATO，又译作"柏拉图系统"）为代表的计算机辅助教学系统进入学校教育以来，其影响和应用逐步从高校、企业、军队培训等领域向 K-12 领域渗透，一些美国的中小学开始将 CAI 个别化教学系统用于学困生的补习（补考）。这一传统一直延续到今天。20 世纪 90 年代，随着互联网的出现，上述两条曾经独立发展的路径开始走向融合和汇聚，为美国 K-12 在线教育的发展奠定了基础。②

随着互联网的诞生，美国 K-12 领域的在线教育也在不断发展和演变，其典型事件可以追溯到 1991 年第一所私立在线学校的建立，而第一所公立的全日制在线学校则于 1994 年出现在加利福尼亚州。学术界一般认为，美国 K-12 在线教育的正式起点和标志性事件是 1996—1997 年受佛罗里达州教育部资助的佛罗里达虚拟学校和受联邦基金资助的佛罗里达虚拟高中的建立。③21 世纪初期，美国 K-12 在线教育获得较大发展。2000—2001 学年，全美有 4 万～5 万名中小学生注册了远程教育课程④，这一数据至 2009—2010 学年增长到 180 万。2001—2011 年，美国 K-12 在线教育平均每年以超过 30% 的速度稳步增长。⑤

---

① Rice K. 2014. Research and history of policies in K-12 online and blended learning[EB/OL]. http://scholarworks.boisestate.edu/cgi/viewcontent.cgi?article=1101&context=edtech_facpubs[2021-09-19]

② Evergreen Education Group. 2015. Keeping pace with K-12 digital learning：An annual review of policy and practice（twelfth edition）[EB/OL]. http://files.eric.ed.gov/fulltext/ED570125.pdf[2021-09-19].

③ Barbour M K. 2014. A history of international K-12 online and blended instruction[EB/OL]. http://digitalcommons.sacredheart.edu/cgi/viewcontent.cgi?referer=&httpsredir=1&article=1202&context=ced_fac[2021-09-19].

④ Clark T. 2001. Virtual schools：Trends and issues[EB/OL]. http://www2.wested.org/www-static/online_pubs/virtualschools.pdf[2021-09-19].

⑤ iNACOL. 2011-11. Online and blended learning：A survey of policy and practice in K-12 schools around the world[EB/OL]. http://aurora-institute.org/wp-content/uploads/iNACOL_a-survey-of-policy-and-practice.pdf/[2021-09-19].

初期，美国 K-12 在线教育的主要构成包括由各州政府资助的州立虚拟学校及少量的特许学校，州立虚拟学校主要为学生提供与校内学习相配套的辅导、补习（补考）类在线课程，而特许学校则为那些有特殊需求的学生提供全网络学习的机会。进入 21 世纪第二个十年，随着信息技术及在线教育的不断发展和日益普及，K-12 领域的在线教育形态开始向多元化发展，越来越多的学区和学校开始自主设计、开发多种多样的在线学习活动，并将面对面教学和在线学习有机结合，探索校内混合学习的多种新模式。①

（二）美国 K-12 在线教育发展的主要动因

2007—2008 学年，斯隆联盟（Sloan Consortium）的调查报告显示，美国 K-12 领域引入在线学习或混合学习的主要目的有（按照重要性高低排列）如下几个方面：①为学生提供所在学校无法开设的课程；②为了满足特殊学生群体的学习需求；③为高中生提供大学预修（advanced placement，AP）课程或其他形式的大学先修课程；④为那些在传统学校学业失败的学生提供课程补习或重修的机会；⑤解决所在学校课程（课表）安排冲突的问题；⑥解决薄弱学校师资匮乏的问题。②

总的来说，美国 K-12 领域引入在线教育的主要动因可以归结为下述四个方面：①为学生提供更加灵活、多样化的学习方式，尤其是那些对学习方式有特殊需求的在家上学的学生、运动员学生、艺术特长生及传统学校的辍学生、受监禁的学生等。②可以弥补所在学校课程与师资的不足，为学生提供更加丰富的优质课程（教师）资源。目前，美国有 40% 的公立学校存在现有教师数量不足、难以满足传统面对面教学需要的问题，而且只有 50% 的高中能为学生提供"微积分"课程，63% 的高中可以为学生提供"物理"课程，81% 的高中能为学生提供"代数Ⅱ"课程。至于那些要求比较高的选修类课程，更是难以满足。这种情况在那些以少数民族学生为主体的学校及处于边远地区的学校更加严重。③可以利用在线教育的形式为高中生提供 AP 课程或者各类大学先修课

程。美国有 40% 的高中不能为学生提供 AP 课程，截至 2015 年，已有约 75% 的学区开始通过在线课程的方式解决这一问题。借助于在线教育，还可以加强高中生与大学的联系，为学生进入大学、提前适应大学的学习和生活做好准备。④在传统的学校教育教学中引入信息技术，开展数字化学习活动或混合学习探索。除了在线课程的学习之外，美国正在有越来越多的 K-12 学区或学校将各种信息技术和数字内容融入传统的班级教学，用以提高课堂的教学质量和效果。①

在美国的 K-12 在线教育实践中，对于那些规模比较小的学校来说，其资源需求会大一些；对于那些处于边远地区、学生人数很少的小型学区来说，由于受到信息技术基础设施、网络带宽等条件的制约，其师资水平和数字化资源开发的能力都比较薄弱，常常会引入州立虚拟学校或私人机构的在线课程或混合课程；对于一些城区高中来说，由于一直被辍学问题和较低的毕业率困扰，在线教育为那些传统学校中学业失败的学生提供了重修或补习的机会。

二、美国 K-12 在线教育的主力军：州立虚拟学校

美国 K-12 在线教育发展的起点可以追溯到 1997 年佛罗里达虚拟学校的建立。截至 2014 年，美国有 26 个州建立了各自的州立虚拟学校，2014—2015 学年，排在全美前五名的州立虚拟学校都位于美国东南部，分别是佛罗里达州、亚拉巴马州、佐治亚州、南卡罗来纳州和北卡罗来纳州。这五个州的虚拟学校在线课程注册率占据了全美的 79%，仅佛罗里达州的在线课程注册率就占据了全美的 48%。2014—2015 学年，佐治亚州、南卡罗来纳州和伊利诺伊州虚拟学校的学生注册人数均增长了 50%。②

---

①　Evergreen Education Group. 2015. Keeping pace with K-12 digital learning：An annual review of policy and practice（twelfth edition）[EB/OL]. http://files.eric.ed.gov/fulltext/ED570125.pdf[2021-09-19]；Haughey M. 2009. Growth of online schooling in Canada[EB/OL]. http://www.irma-international. org/chapter/growth-online-schooling-canada/11877/[2021-09-19]；iNACOL. 2011-11. Online and blended learning：A survey of policy and practice in K-12 schools around the world[EB/OL]. http://aurora-institute.org/wp-content/uploads/iNACOL_a-survey-of-policy-and-practice.pdf[2021-09-19]；NACOL. 2008-10. A snapshot state of the nation study：K-12 online learning in Canada[EB/OL]. http://k12sotn.ca/wp-content/uploads/2016/09/StateOfTheNation2008.pdf[2021-09-19].

②　Evergreen Education Group. 2015. Keeping pace with K-12 digital learning：An annual review of policy and practice（twelfth edition）[EB/OL]. http://files.eric.ed.gov/fulltext/ED570125.pdf[2021-09-19]；iNACOL. 2012-10. State of the nation：K-12 online oearning in Canada[EB/OL]. http://k12sotn.ca/wp-content/uploads/2016/09/StateOfTheNation2012.pdf[2021-09-19].

州立虚拟学校是指那些经州立法（或相关机构）通过，由州教育部门参与管理，由州政府拨款资助的项目机构，旨在为全州的 K-12 学生提供在线学习的机会。该机构也可以从联邦政府或私人基金会那里获得资助，允许向学生或所在学区收取课程使用费，以支付其运行成本。在多年的实践中，美国的州立虚拟学校逐步形成了 7 种类型，如表 2-1 所示。

表 2-1   美国州立虚拟学校类型表

类型	特征描述
经州政府许可建立，在全州范围内运营	允许在全州范围内运营，例如，佛罗里达虚拟学校
由大学（或学院）建立	由大学赞助的、为 K-12 学生提供在线课程的项目，例如，加利福尼亚大学的"大学准备在线"（University of California college prep online，UCCP）项目
自愿组成的联盟	由一些学校或学区联合建立的，例如，"虚拟高中"（virtual high school，VHS）项目
由地方教育机构建立	由一所独立的学校或学区建立的，例如，格威纳特县（Gwinnett）的在线校园（online campus）
虚拟特许学校	由特许学校建立的虚拟学校，例如，网络连线学院（connections academy），也被称为虚拟学校
私立虚拟学校	完全按照私立学校制度建立的虚拟学校，例如，克里斯塔·麦考利大学院（Christa McAuliffe Academy）
由营利性机构提供的在线课程、数字化学习内容、学习工具及信息化基础设施	由营利性企业以在线教育供应商的角色提供在线课程及相关资源

州立虚拟学校的传统职能是提供各类在线课程。州立虚拟学校是 K-12 在线课程的主要提供者，其中既有针对高中生的补习课程和大学预科类课程，也包括生涯和技术教育（career and technical education，CTE）等课程。例如，2014—2015 学年，在学生注册的各类在线课程中，社会研究占 16%，数学占 15%，英语占 14%；从学生类型来看，高中生占 85%，初中生占 15%；在课程完成率方面，有 46% 的学生达到了课程要求并取得了学分，15% 的学生虽然完成了 90% 以上的学习内容，却没有申请学分，还有 39% 的学生由于其他原因没有拿到学分。[①]

除了为学生提供在线课程之外，为校内混合学习的开展提供各种支持服务

① 梁林梅，赵柯杉. 美国 K-12 在线教育：现状、系统结构与政策分析 [J]. 中国电化教育，2017（11）：65-71.

成为近年来州立虚拟学校迅速增长的新需求，包括在线课程的提供、学习管理系统（learning management system，LMS）的引入和部署、教师混合教学专业发展的支持、信息技术基础设施的支持及教育信息化发展规划的咨询等。2014—2015 学年，州立虚拟学校又出现了一种新的需求——为暑期学校服务。暑期学校的在线课程注册率比上一学年增长了 18%，究其原因，是由于政府财政预算的压缩，致使许多传统的暑期学校转而寻求在线教育的形式，而其实施的灵活性也深受家长和学生的欢迎。①

三、美国 K-12 在线教育的系统结构分析

（一）以学生为中心的虚拟学习系统

经过多年的发展，美国的 K-12 在线教育领域已经逐步形成了较为成熟的以学生为中心的虚拟学习系统（图 2-1）。

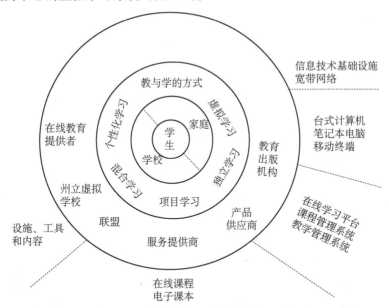

图 2-1 美国 K-12 在线教育领域以学生为中心的虚拟学习系统

资料来源：Evergreen Education Group. 2015. Keeping pace with K-12 digital learning：An annual review of policy and practice（twelfth edition）[EB/OL]. http://files.eric.ed.gov/fulltext/ED570125.pdf[2021-09-19]

---

① 梁林梅，赵柯杉. 美国 K-12 在线教育：现状、系统结构与政策分析[J]. 中国电化教育，2017（11）：65-71.

如图 2-1 所示，从物理空间来看，学生可以在学校学习，也可以在家学习；从教与学的方式来看，可以是虚拟学习、个性化学习，也可以是混合学习、项目学习，或者是独立学习；从在线教育提供者来看，包括州立虚拟学校、联盟、服务提供商、产品供应商及教育出版机构等；从教学的设施、工具和内容来看，除了必要的信息技术基础设施、宽带网络、终端设备（如台式计算机、笔记本电脑、移动终端等）之外，还包括各类软件工具（如在线学习平台、课程管理系统、教学管理系统等）和丰富的数字化教学内容资源（如在线课程、电子课本等）。

另外，从学习者的角度来看，美国 K-12 领域参与在线学习的学生可以分为以下四大类：①参与全日制在线学校学习的学生，包括那些选择在家上学的学生，还包括一些因为各种原因无法进入传统实体学校学习的学生，例如，体育生、艺术生或身体与行为存在障碍的学生等，实际上这些学生只是很少的一部分。②那些在传统的实体学校中不能正常完成学业，为了拿到毕业文凭而参加校外辅导、补习的学生。另外，还有那些通过在线教育的形式获得额外学习辅导的传统学校中的成绩优异学生，他们既可能是在校内教师的指导和监督下集体学习，也可能是在家独立学习。③一些传统实体学校中的辍学生（或具有辍学倾向的学生）通过参加专门的混合式学校（hybrid school）来完成学业，其学习方式既包含面对面教学，也包含在线学习。④在传统的实体学校中以多种方式开展混合学习的学生，他们是近年来 K-12 在线教育的主流群体。

（二）美国 K-12 在线教育项目的类型

经过多年的发展，美国 K-12 在线教育呈现出了多样化的发展态势和类型，如图 2-2 所示。

1）从在线教育扮演的角色及学生的学习方式来看，可以分为全日制学校和补充项目。2014 年的调查数据显示，全美有 30 个州建立了全日制的在线学校，但绝大多数 K-12 领域的学生是以补充的形式来参加在线学习的。截至 2014 年，美国 K-12 领域参加全日制虚拟学校的学生人数只占到总人数的 0.5%～1%。[①]

---

① Rice K. 2014. Research and history of policies in K-12 online and blended learning[EB/OL]. http://scholarworks.boisestate.edu/cgi/viewcontent.cgi?article=1101&context=edtech_facpubs[2021-09-19].

角色	补充项目（提供部分在线课程）		全日制学校（提供完整在线课程）		
覆盖范围	学区内的	跨学区的	某一特定州的	跨州的	全国性的	全球
学校类型	公立学校	特许学校	私立学校	在家上学	
学习地点	在学校	在家	在其他地方		
传输方式	同步传输		异步传输		
提供者和管理	地区董事会	联盟	区域机构	大学	州政府	独立供应
学习方式	完全在线	混合学习	完全面对面教学		
年级	小学	初中	高中		
师-生互动	高	中	低		
生-生互动	高	中	低		

图 2-2 美国 K-12 在线教育项目的多种类型

资料来源：iNACOL. 2010. A national primer on K-12 online learning（version 2）[EB/OL]. http://www.inacol.org/wp-content/uploads/2015/02/iNCL_NationalPrimerv22010-web1.pdf[2021-09-19]；Evergreen Education Group. 2011. Keeping pace with K-12 online learning：An annual review of policy and practice（eighth edition）[EB/OL]. http://files.eric.ed.gov/fulltext/ED535912.pdf[2021-09-19]

2）从在线教育的覆盖范围来看，可以是全球性的、全国性的、跨州联合的，或者限于特定州、学区及学校之内。

3）从实施在线教育的 K-12 学校类型来看，既有公立学校，也包括特许学校、私立学校和在家上学。例如，2014 年，全美约有 84% 的 K-12 学生就读于公立学校，9% 的 K-12 学生就读于私立学校，4% 的 K-12 学生就读于特许学校，而在家上学的学生占到 3%。几乎所有的 K-12 公立学区都在不同程度地实施在线学习或混合学习，虽然特许学校只占了很小的比例，它们却是数字化学习和新型教学方式的前沿探索者。[1]

4）从在线教育的提供者来看，包括州立虚拟学校、多学区联合机构、单学区机构、联盟、中学后教育系统（包括大型）及独立的在线教育供应商等。

（三）美国 K-12 在线教育系统中的利益相关者角色及其关系分析

美国 K-12 在线教育的早期发展主要得益于联邦政府和州政府的大力推

---

[1] Rice K. 2014. Research and history of policies in K-12 online and blended learning[EB/OL]. http://scholarworks.boisestate.edu/cgi/viewcontent.cgi?article=1101&context=edtech_facpubs[2021-09-19].

动，在其发展中市场力量也扮演了重要角色，发挥了关键作用。与世界上其他国家的 K-12 在线教育系统相比，美国的市场化成熟度比较高，但政府也一直在其中发挥着相应的支持、协调和监管作用。在长期的实践和磨合中，K-12 在线教育系统中的各利益相关者（政府机构、供应商、中介机构、学校和学生等）逐步形成了协同运行的系统结构，如图 2-3 所示。

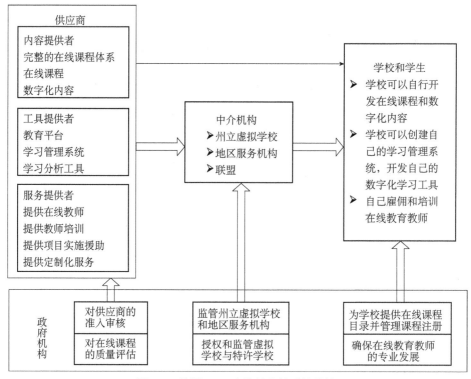

图 2-3　美国 K-12 在线教育的系统结构

资料来源：梁林梅，赵柯杉. 美国 K-12 在线教育：现状、系统结构与政策分析[J].中国电化教育，2017（11）：65-71

1）美国 K-12 在线教育产品和服务的提供者多样化，可以是营利性企业、政府机构，也可以是非营利性组织。其中，既包括培生（Pearson）教育出版集团、霍顿-米夫林-哈考特（Houghton Mifflin Harcourt）教育出版集团及麦格劳-希尔（McGraw-Hill）教育集团等大型企业，也包括一些专门提供某种在线教育产品的小型机构，如语言障碍矫正、健康教育项目等。在这些机构中，有的聚焦于数字化学习内容的提供；有的致力于提供各类数字化学习工具，如在线课程传输与管理的平台、评估系统、学习分析系统等；有的为在线学习项目提供管理、支持服务，提供相关的教师培训等。

2）在美国的许多州，在线教育产品及服务的提供者在和中小学进行合作的时候，常常会通过一个被称作"中介机构"的组织来进行。所谓的"中介机构"，即为了更好地为中小学提供在线教育的全方位服务，为了协调在线教育的众多技术、资源、课程及支持服务的提供，在一个州内建立的专门机构。这些中介机构通常具有政府背景，或通过州立虚拟学校、地区服务机构及联盟等形式直接受政府监控，或协助政府主管部门制定所在地区在线教育的政策、标准、规则和制度等，在在线教育提供者和中小学用户之间扮演了一个中介和协调员的角色。这些中介机构根据所在地区 K-12 在线教育的实际需求，汇聚、集成、调配从不同供应商（或渠道）那里获得的各类在线教育产品、工具及资源，并提供相应的技术支持、教师培训与专业发展服务，其也会自主开发一些在线教育的产品或资源。这些中介机构在政府的指导和监控下通过统一的学习管理系统或相关的教育教学平台为中小学用户提供在线教育服务，这样就避免了学校直接与各类复杂而良莠不齐的供应商打交道的烦恼。在大多数州，通常都会由州立虚拟学校扮演在线教育中介机构或协调员的角色。

3）K-12 在线教育系统"供应链"的末端是各类学区、中小学和学生个体，其可以通过政府提供的中介机构寻求在线教育的资源、产品与服务，也可以自己直接和供应商打交道，有条件的学区和中小学还可以开发自己的平台与资源。

4）在 K-12 在线教育的整个系统中，政府及其委托的相关机构承担了以下关键职责：①对在线教育供应商的准入审核；②对在线课程的质量评估；③监管州立虚拟学校和地区机构；④授权和监管虚拟学校与特许学校；⑤为学校提供在线课程目录并管理学生注册；⑥确保在线教育教师的专业发展。

四、美国 K-12 在线教育政策分析

教育政策是美国 K-12 在线教育发展的直接动力，也是多年来 K-12 在线教育稳定、持续发展的根本保障。这些政策的具体形式通常表现为各州的立法机关、管理者及教育董事会等通过的法律、预算，以及制定的支持州一级层面在

线（虚拟）学校运行的相关条例、为州立虚拟学校运行提供的资金支持、为学生提供的各种在线课程学习机会等。

多年来，美国K-12领域教育信息化的相关政策或者散见于各类相关的教育政策之中，或者以专题研究报告及国家教育技术规划等形式独立颁布。影响美国K-12教育信息化（包括在线教育）政策的关键事件如下：①1983年，美国高质量教育委员会（National Commission on Excellence in Education）发布研究报告《国家处在危机中：教育改革势在必行》（*A Nation at Risk: The Imperative for Educational Reform*）。该报告指出，未来美国的所有高中毕业生都必须理解和掌握关于计算机、电子等相关的新技术。该报告的发布极大地推动了信息技术在学校教育中的普及和应用。②1994年，美国教育部连续颁布了《改进美国学校法案》（*Improving America's Schools Act*，1994）和《2000年目标：美国教育法》（*Goals 2000: Educate America Act*），引发了美国K-12领域的问责制、标准化和系统化的学校改进运动。该法案允许学生自由择校，催生了许多全日制虚拟学校和特许虚拟学校，这一政策对于美国K-12领域虚拟学校和在线教育的发展产生了深远的影响。③1996年，美国第一个国家教育技术规划《让美国的孩子为21世纪做好准备：迎接技术素养的挑战》（*Getting America's Students Ready for the 21st Century: Meeting the Technology Literacy Challenge*）正式发布。该规划为信息技术在美国K-12领域的应用提供了系统框架，使政府增加了对K-12教育信息化的资金投入，极大地推动了信息技术（包括在线教育）在中小学教学中的广泛应用。④1997年，美国第一个，也是迄今为止规模最大的州立虚拟学校——佛罗里达虚拟学校成立，使美国K-12在线教育实践走向系统、有序和高效。⑤2000年，美国国会和总统共同委托网络教育委员会（The Web-Based Education Commission）评估互联网对于促进学生学习的潜能，研究报告建议将数字化学习纳入联邦政府的国家教育政策。⑥美国政府分别在2000年、2004年、2010年和2016年发布了新的国家教育技术规划，进一步推进信息技术（包括在线教育）在K-12教育教学中的深度应用。⑦2002年，美国政府颁布《不让一个孩子掉队法案》（*No Child Left Behind Act*），在1994年法案的基础上，进一步强化了K-12教育系统中的问责制和标准化，虚拟学校的作用受到进一步重视，虚拟学校得到迅速发展。

美国K-12在线教育领域国家层面的关键政策主要集中于20世纪末和21

世纪初期，这说明在 K-12 在线教育发展的早期，政府的直接推动发挥了极其重要的作用。除了上述联邦政府层面的教育政策，21 世纪以来，各级州政府也纷纷出台了促进 K-12 在线教育和数字化学习的相关政策。据美国国家教育政策中心（National Education Policy Center，NEPC）统计，2012 年，31 个州共提交了 128 项与在线学习相关的议案，其中 41 项获得通过，87 项被否决；2013 年，25 个州共提交了 128 项相关议案，29 项获通过，7 项被否决，92 项被搁置。近年来，随着 K-12 在线教育的发展日益成熟，与过去相比，政府的直接作用有所减弱。究其原因，具体如下：一是随着 K-12 在线教育的发展和普及，更多的在线教育、数字化学习活动的组织和实施已经从整个州"下移"到学区及学校层面，因此全州层面的直接干预有所减弱；二是受到整个美国 K-12 领域极其复杂的教育政策大环境的影响，州一级层面越来越难以形成被所有利益相关者认可和接受的一致性政策。①

纵观美国教育信息化（包括在线教育）政策的发展和变迁，虽然不同时期的主题和侧重点有所不同，但总体而言美国的国家教育信息化政策一直致力于解决 K-12 教育发展中面临的重大问题，包括以下几个方面。

（一）问责

"问责"（即对学生学习绩效和学习结果的关注）是自 2002 年《不让一个孩子掉队法案》颁布以来，美国 K-12 领域教育变革的重要议题，具体表现为以标准化评估为核心的标准化运动和近几年兴起的基于大数据的学习分析。标准化运动大大推进了全美范围内在线课程、数字化资源和教师资源的跨区域共享，而数据驱动的教育决策和学习分析正在对整个美国教育系统的变革产生初步影响——2009 年，美国政府借助"力争上游"（Race to the Top）计划投入了 43.5 亿美元用于建立大规模的学生数据系统，从而提高 K-12 教育系统的绩效。②

---

① Evergreen Education Group. 2015. Keeping pace with K-12 digital learning：An annual review of policy and practice（twelfth edition）[EB/OL]. http://files.eric.ed.gov/fulltext/ED570125.pdf[2021-09-19]；iNACOL. 2009-11. State of the nation：K-12 online learning in Canada[EB/OL]. http://aurora-institute.org/wp-content/uploads/iNACOL_CanadaStudy_2009.pdf[2021-09-19].

② 梁林梅，赵柯杉. 美国 K-12 在线教育：现状、系统结构与政策分析[J]. 中国电化教育，2017（11）：65-71.

（二）可获得性

1）利用在线教育和数字化学习促进教育公平，包括为残障学生、低收入人群及少数民族学生提供公平的教育机会。除此之外，政府还通过改善信息化基础设施来提高 K-12 系统中的互联网接入率。

2）赋予学生和家长择校权。毫不夸张地说，择校权的确立是 2000 年以来对美国 K-12 在线教育（尤其是虚拟学校）发展影响最大的一项教育政策。

3）市场力量和竞争机制的引入。市场力量为 K-12 在线教育带来了丰富而多样化的资金、服务和资源选择，竞争机制的引入给公立学校带来了改进和变革的压力。

4）提高美国 K-12 领域学生的全球化竞争力。在线教育在美国 K-12 的 STEM［科学（science）、技术（technology）、工程（engineering）、数学（mathematics）］教育、AP 课程教育等领域发挥了重要的作用。

（三）以在线教育促进 K-12 教育系统的变革与创新

如何以在线教育促进 K-12 教育系统的变革与创新，是美国教育部、各州教育管理及教育政策部门持续关注的重要议题，具体包括如何利用在线教育提高 K-12 教育系统的效率和生产率，如何改进现有的学校系统，如何实施能力本位的学习及在线教育项目资助机制和模式的变革等。

（四）教师的在线教育准备度

教师的在线教育准备度是 K-12 在线教育成功实施的基础和关键，美国教育部、高校研究机构、地区联盟等开展了系列在职教师及职前教师信息素养、在线教学技能/标准/资格认证、在线教学管理制度等方面的研究和政策制定工作，确保了在线教育的高质量实施。

（五）数据隐私和安全问题

随着 K-12 领域教育数据的不断积累，关于学生数据隐私的保护和安全问题也开始受到广泛关注。

第二节 加拿大 K-12 在线教育与混合学习现状分析

一、加拿大 K-12 远程教育发展历程回顾

加拿大远程教育在整个 K-12 系统中具有悠久的历史和传统，尤其是在利用远程技术为所有中小学生（特别是身处边远、偏僻地区的学生）提供受教育机会方面。[①]与美国相似，加拿大的 K-12 远程教育同样经历了基于纸质印刷媒体和邮政系统的函授教育，基于多种媒体技术（如广播、教学电视、卫星系统、音/视频会议系统等）的远程教育，互联网兴起后的在线教育，以及之后在线学习与面对面相结合的混合学习几个主要阶段。

加拿大 K-12 领域最早的函授学校——"初级函授学校"，1919 年建于不列颠哥伦比亚省。该校当时拥有 86 名中小学生，其中 13 名是灯塔看护人的子女，因为居住地偏僻，参加函授学校接受义务教育是这些孩子唯一的选择。1929 年，进入该校参加函授学习的学生人数超过 600 人。随着媒体技术的发展和进步，越来越多的新媒体、新技术进入 K-12 远程教育系统，并且逐步形成了一些新型的远程学习方式。例如，除了应用广泛的广播系统之外，纽芬兰与拉布拉多省等在所在地方政府的大力推动下，于 20 世纪 80 年代末期广泛使用了一种被称作 telematics（或 audiographics，一种音频电话会议系统）的远程互动通信技术来开展 K-12 远程教育，为散布在 13 个乡村小规模学校的 36 名学生服务。20 世纪 90 年代，该系统仍在运营，其提供的远程课程由最初的 1 门增加到 11 门，服务的乡村学校扩展到 77 所，学生人数达到 703 人。[②]

20 世纪 90 年代末期，随着互联网技术的兴起，加拿大成为世界上较早将

① iNACOL. 2009-11. State of the nation: K-12 online learning in Canada[EB/OL]. http://aurora-institute.org/wp-content/uploads/iNACOL_CanadaStudy_2009.pdf[2021-09-19].

② Barbour M K. 2014. A history of international K-12 online and blended instruction[EB/OL]. http://digitalcommons.sacredheart.edu/cgi/viewcontent.cgi?referer=&httpsredir=1&article=1202&context=ced_fac[2021-09-19].

互联网引入 K-12 教育系统的国家之一。[①]第一个 K-12 在线学习项目"远程学习的新方向"(new directions in distance learning)和相关机构"EBUS 学院"(EBUS Academy)于 1993 年在不列颠哥伦比亚省诞生[②],而第一所 K-12 虚拟学校"雅芳·梅特兰远程教育中心"(Avon Maitland Distance Education Centre)则于 1994 年在安大略省诞生[③]。2000 年,加拿大教师联合会(Canadian Teachers Federation)的调查数据显示,1999—2000 学年,全国大约有 25 000 名中小学生注册学习了在线课程,占到了当时中小学生总人数的 0.5%。[④]这一时期,在选择远程学习的学生中,大多数因为各种原因无法参加传统的学校课堂学习,例如,体育/艺术特长生、由于身体原因不得不选择在家学习的学生、处于不断迁徙家庭中的子女、需要重修毕业学分的高中生、受到监禁的学生等。其中,既有中学生,也有小学生。[⑤]

21 世纪之后,加拿大整个国家 K-12 教育系统的信息化发展水平已经处于世界前列。2004 年左右,大多数省份和地区的中小学已经接入了互联网,一些学校已经开始使用宽带网络技术,中小学的生机比也大大降低,为在线学习和混合学习的实施提供了良好的信息化基础环境设施。[⑥]随着互联网及学生终端的日益普及,受到经济(教育预算削减)、人口(因越来越多的年轻父母向中心城市迁移而导致的边远地区学生人数缩减)、中小学生各种多样化学习需求的日益增长等因素的影响,K-12 教育系统中除了早期那些因各种原因无法进入传统学校课堂进行学习的、有特殊需求的学生群体,为了获得更多的优质教育资源,为了选择更加灵活、便利的学习方式,为了提高学习的效率和效果,这一时期又有更多的中小学生,尤其是许多在传统学校学习的学生,通过多种

① iNACOL. 2012-10. State of the nation:K-12 online learning in Canada[EB/OL]. http://k12sotn.ca/wp-content/uploads/2016/09/StateOfTheNation2012.pdf[2021-09-19].

② NACOL. 2008-10. A snapshot state of the nation study:K-12 online learning in Canada[EB/OL]. http://k12sotn.ca/wp-content/uploads/2016/09/StateOfTheNation2008.pdf[2021-09-19].

③ Haughey M. 2009. Growth of online schooling in Canada[EB/OL]. http://www.irma-international.org/chapter/growth-online-schooling-canada/11877/[2021-09-19].

④ iNACOL. 2012-10. State of the nation:K-12 online learning in Canada[EB/OL]. http://k12sotn.ca/wp-content/uploads/2016/09/StateOfTheNation2012.pdf[2021-09-19].

⑤ Haughey M. 2009. Growth of online schooling in Canada[EB/OL]. http://www.irma-international.org/chapter/growth-online-schooling-canada/11877/[2021-09-19].

⑥ iNACOL. 2012-10. State of the nation:K-12 online learning in Canada[EB/OL]. http://k12sotn.ca/wp-content/uploads/2016/09/StateOfTheNation2012.pdf[2021-09-19].

形式参与到远程和在线学习中，因此远程学习、在线学习、混合学习成为越来越多传统在校学生完整的学习经历中不可或缺的重要组成部分。[①]进入 21 世纪的第二个十年，这种将校园内的传统面对面学习与远程、在线学习相结合的新型混合学习方式正在被越来越多的学区和学校接受。

二、加拿大 K-12 在线教育与混合学习发展现状、特点和政策分析

加拿大没有设立联邦教育部，各省/领地的教育部对其 K-12 教育负责，因此全国各省和领地关于在线教育的政策、制度与实践发展水平都各不相同，存在较大的地区差异，也呈现出不同的特点。[②]总体而言，进入 21 世纪之后，加拿大 K-12 在线教育呈现出如下特点。

1）K-12 在线教育普及率持续增长，各地之间的发展极不平衡。加拿大数字化学习网络（Canadian eLearning Network，CANeLearn）的年度调查报告显示，自 2000 年以来，全国 K-12 在线教育的普及率持续增长，但其普及程度并没有人们预期的那么乐观，且 2010 年之后基本上维持在 5.5% 左右。另外，各个省/领地之间的发展极不平衡，不列颠哥伦比亚省和阿尔伯塔省处于全国的前列，而爱德华王子岛、原住民保留地等则发展缓慢。由于有半数人口生活在远离都市圈的边远、偏僻地区，不列颠哥伦比亚省是加拿大第一个在 K-12 领域引入远程教育的省份，目前其在线教育几乎覆盖了所有学区、所有类型学校的学生，无论是发展速度还是学生的参与率在全国一直处于领先地位。[③]

2）基于印刷媒体的传统函授教育和基于多种媒体的远程教育仍然占有一席之地，并在实践中呈现出多种教育样态并存的局面。虽然进入 21 世纪之后 K-12 在线教育蓬勃发展，基于互联网的在线学习也得到了一定程度的发展，

---

① Haughey M. 2009. Growth of online schooling in Canada[EB/OL]. http://www.irma-international. org/chapter/growth-online-schooling-canada/11877/[2021-09-19].

② iNACOL. 2011-11. Online and blended learning: A survey of policy and practice in K-12 schools around the world[EB/OL]. http://aurora-institute.org/wp-content/uploads/iNACOL_a-survey-of-policy-and-practice.pdf /[2021-09-19].

③ NACOL. 2008-10. A snapshot state of the nation study: K-12 online learning in Canada[EB/OL]. http://k12sotn.ca/wp-content/uploads/2016/09/StateOfTheNation2008.pdf[2021-09-19].

但在加拿大的 K-12 在线教育系统中，除了互联网应用之外，传统的以印刷媒体为基础的函授教育和基于多种媒体（音、视频会议系统，虚拟教室软件等）的远程教育在一些省份/领地仍然非常普遍，并且发挥着重要作用。①例如，成立于 1923 年的阿尔伯特省阿尔伯特远程学习中心（Alberta Distance Learning Centre）虽然引入了在线学习的方式，但至 2012 年其很大一部分学习内容仍然是依靠传统的函授学习系统来实施的。②

研究者发现，在加拿大的整个 K-12 在线教育系统中，在线学习并没有成为主流形式，而是呈现出多元化、多样态的发展特征。研究者认为，这是与美国 K-12 在线教育发展的不同之处，但这种样态却与加拿大各省/领地 K-12 在线教育系统的各成体系、多样化发展特征相适应。如今，加拿大的 K-12 在线教育实践中涵盖了多种形态的媒体技术，其中既有最新的互联网技术，也有非常传统的基于纸质媒体的函授教育形态，并呈现出多种远程教育样态并存的局面。因此，在加拿大的 K-12 在线教育语境中，常常使用远程教育而不是在线教育，或者使用"分布式学习"来涵盖实践中的这种多样态并存局面。

3）为边远地区学习者群体服务一直是加拿大 K-12 在线教育系统的重要职责。虽然对于传统的学校教育系统和班级教学而言，在线学习在角色和功能上仍然处于辅助、补充性的地位，其普及率也比较有限，截至 2017 年，加拿大参加在线教育的中小学生人数也只是涵盖了 K-12 阶段总人数的 5.4%，但自 K-12 在线教育诞生以来，在为边远地区及薄弱学校提供优质资源、提高学生的入学率、提供更多的学习机会、促进教育公平等方面，却一直在发挥着十分重要的作用。加拿大学习委员会（Canadian Council on Learning）的相关调查显示，与城市学生相比，那些处于边远地区的学生更倾向于选择在线教育，因为他们所在地区或学校无法为其提供必需的课程（尤其是高级课程）或优质学习资源。③例如，纽芬兰与拉布拉多省多年来一直在借助音频或音视频会议系统

---

① iNACOL. 2011-11. State of the nation：K-12 online learning in Canada［EB/OL］. http://k12sotn.ca/wp-content/uploads/2016/09/StateOfTheNation2011.pdf［2021-09-19］.

② Evergreen Education Group. 2015. Keeping pace with K-12 digital learning：An annual review of policy and practice（twelfth edition）［EB/OL］. http://files.eric.ed.gov/fulltext/ED570125.pdf［2021-09-19］.

③ iNACOL. 2011-11. State of the nation：K-12 online learning in Canada［EB/OL］. http://k12sotn.ca/wp-content/uploads/2016/09/StateOfTheNation2011.pdf［2021-09-19］.

及互联网为边远社区学校的学生提供大学先修课程；位于加拿大北部海岸（尤其是北极圈）地区的育空领地、西北地区原住民保留地和努勒维特地区借助于互联网共享南部省份的优质课程资源，以提高教育教学质量。[①]又如，在通常情况下，加拿大原住民地区子女为了能够进入中学继续学习，就不得不独自离开所在社区到更远的大城市（如多伦多等）。在异地求学的过程中，这些孩子会面临不同文化的冲击、离家的孤独、学习内容的不适应等多种障碍，很多孩子遭遇学业失败甚至是中途辍学的困境。20 世纪 90 年代末期，随着互联网逐步进入原住民社区，在经济状况、医疗条件大幅改善的同时，在联邦政府和地方教育部门的支持下，依托宽带网络建立的"在线高中"很好地解决了上述问题，在项目实施的过程中探索出了卓有成效的"三师教学模式"[②]，即在线教师与经过资格认证的本地教师和本地助教"三位一体"的混合教学模式。虽然项目的名称是"在线高中"，但学生被要求必须到所在地区指定的线下教室参加学习。在线教师负责线上教学，学生在本地教师的组织和监督下开展以异步为主的在线学习，同时也辅有少量的同步讲座、研讨或实时互动。这类学校的本地教学组织和管理也与传统学校有差异，一名本地教师同时负责三门课程的教学，除了监督学生的学习，还要组织本地学生的研讨和互动，为有需要的学生提供指导。本地助教协助教师管理学生及处理相关的技术问题。多年的实践表明，本地教师（包括助教）的角色和作用对于学生的学习至关重要，尤其是在原住民社区这样一种独特的文化情境之中。"在线高中"的实施，使原住民社区青少年的高中毕业率由过去的 19% 提升到 2011 年的 55%，"三师教学模式"使 2011 学生的平均在线课程保持率高达 70%。[③]

4）混合学习受到越来越广泛的关注和认可。加拿大数字化学习网络自 2016 年开始调查 K-12 领域的混合学习现状。调研发现，学校对于混合学习的接受和普及程度要远远高于单纯的在线学习。例如，2016—2017 学年，新斯科

---

① Haughey M. 2009. Growth of online schooling in Canada[EB/OL]. http://www.irma-international. org/chapter/growth-online-schooling-canada/11877/[2021-09-19].

② 这一举措和近年来国内村小及教学点探索的"双师教学"模式非常相似，但不同之处在于目前国内是以同步课堂为主要学习形式，而该"在线高中"是以学生的异步自主学习方式为主，辅以少量的同步讲座、实时研讨。

③ iNACOL. 2011-11. State of the nation：K-12 online learning in Canada[EB/OL]. http://k12sotn.ca/ wp-content/uploads/2016/09/StateOfTheNation2011.pdf[2021-09-19].

舍省的混合学习覆盖率达到 45.2%（同时期的在线学习比例仅为 2.2%），安大略省为 23.4%（同时期的在线学习比例仅为 4.7%），育空领地为 16.2%（同时期的在线学习比例仅为 3.7%）。[①]进一步的案例研究发现，安大略省教育部门自 2011 年开始为 K-12 学校提供了统一的学习管理系统，支持学校开展混合学习，纽芬兰与拉布拉多省和新斯科舍省也在省级层面为 K-12 学校提供了统一的学习管理系统，大大提高了学生的混合学习参与率，因此这三个省份的混合学习覆盖率在全国遥遥领先。育空领地的混合学习项目由于得到了教育管理部门的支持，学生的参与率也比较高。加拿大的研究者还发现，具有集权管理体制的省/领地的混合学习的覆盖率要明显高于其他地区。

随着越来越多的省份/领地和学区在 K-12 教育系统中引入学习管理系统等信息化学习平台和数字化学习工具，越来越多的教师开始在传统面对面教学的基础上创造性地依托丰富的数字化学习资源及便利、智能化、个性化的学习支持（管理）系统开展混合学习，可以预见混合学习的普及率将会进一步提高。[②]

5）较为完善的 K-12 在线教育支持政策。自 2010 年以来，在加拿大，无论是联邦政府还是各省的教育部门都制定和实施了一系列的政策、指南、协议、合同等，确保 K-12 在线教育与混合学习的顺利实施，如表 2-2 所示。

表 2-2　K-12 在线教育与混合学习的系列政策支持

类型	说明
立法	至 2017 年，全国 13 个省/领地中有 62%的教育管理部门在相关的教育法案或学校法案中明确表示支持在 K-12 教育系统中开展远程教育或在线教育。例如，不列颠哥伦比亚省在 1996 年和 2006 年的《学校法》（School Act）及《独立学校法》（Independent School Act）中明确了分布式学习的合法性，并允许学生注册远程学习项目
政策、指南	至 2017 年，有 5 个省/领地颁布了在线教育及混合学习实施的政策指南，明确了远程教育系统各个层面利益相关者的职责
协议	至 2017 年，有 5 个省/领地采用了"协议"的方式来规范 K-12 领域的远程、在线和混合学习。协议中的条款涉及教师工作量、专业发展、生活质量等相关事宜
理解备忘录	至 2017 年，有 4 个省/领地签署了"理解备忘录"，具体内容各不相同，包括授权创建远程教育项目，允许向参加远程学习的学生收费，关于远程教育项目的质量保证、评估事项，协调地方政府与远程学习提供商之间的关系等

①　梁林梅. 加拿大 K-12 远程、在线与混合学习的经验及启示[J]. 数字教育，2019（6）：80-86.
②　梁林梅. 加拿大 K-12 远程、在线与混合学习的经验及启示[J]. 数字教育，2019（6）：80-86.

续表

类型	说明
合同	政府的教育管理部门借助合同的方式，监督学校董事会遵从和实施所在地区的远程、在线及数字化、混合学习的相关政策、规划、方案及行动项目，并明确相关的资金投入、质量保障等事宜

资料来源：CANeLearn. 2017. State of the nation：K-12 e-learning in Canada（2017 edition）[EB/OL]. http://k12sotn.ca/wp-content/uploads/2018/02/StateNation17.pdf[2021-09-19]；CANeLearn. 2016. State of the nation：K-12 e-learning in Canada（2016 edition）[EB/OL]. http://k12sotn.ca/wp-content/uploads/ 2016/12/StateNation16. pdf[2021-09-19]

第三节 国外 K-12 在线教育与混合学习研究现状的可视化分析

一、文献检索方法及结果

相较于国内而言，国外学者对 K-12 领域在线与混合学习的相关研究有了近 20 年的历史，无论在理论、模式还是案例、实践指南等方面，都积累了较为丰硕的研究成果。本研究采用文献计量方法和可视化分析软件 CiteSpace 对国外的已有研究文献进行可视化分析。

本研究的文献计量可视化分析所用数据来源于外文期刊库 Web of Science（WOS），时间跨度为 2001 年至 2020 年 10 月，以 "blended learning" "b-learning" "blending learning" "hybrid learning" "blended course" "blended instruction" "blended teaching" "blended education" "online learning" "web-based learning" "flexible learning" "K12" "K-12" "primary school" "secondary school" "middle school" "high school" "district" 为检索关键词，分别在 WOS 核心合集数据库中进行检索和筛选，并用组配检索式 "AND" 进行组配，共获取有效研究样本 565 篇，样本文献数量年份分布如图 2-4 所示。

从图 2-4 可以看出，国外关于 K-12 在线教育与混合学习的研究在 2006 年之前基本上处于起步状态，2011—2016 年增长迅速，2016 年之后有所趋缓，但在 2020 年相关研究成果数量又开始增加。

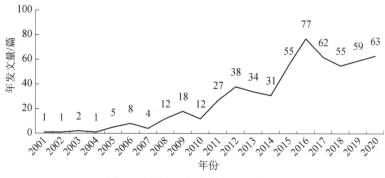

图 2-4　样本文献数量年份分布图

二、样本文献的国家/地区分布

本研究使用 CiteSpace 5.8.R1 版本软件对全球开展 K-12 在线教育与混合学习研究的主要国家（地区）进行可视化分析，从样本文献的国家/地区分布图来看（图 2-5），国际上关于 K-12 在线教育与混合学习的研究形成了一个以美国、加拿大、澳大利亚等为主的研究群体。另外，中国、西班牙、土耳其的研究者也展开了相关研究，并产生了一定的影响。

图 2-5　样本文献的国家/地区分布图

三、高频引文文献分析

本研究使用 CiteSpace 的共引网络绘制功能对样本文献数据进行引文分析，研究间隔选取一年，按照被引频次进行排序，得出了前 10 篇高频共被引引文文献（表 2-3）。

表 2-3　前 10 篇高频共被引引文文献

序号	被引频次	文献信息
1	14	Barbour M K，Reeves T C. The reality of virtual schools：A review of the literature[J]. Computers & Education，2009（2）：402-416
2	13	Means B，Toyama Y，Murphy R，et al. The effectiveness of online and blended learning：A meta-analysis of the empirical literature[J]. Teachers College Record，2013（3）：1-47
3	13	Kathryn K，Leanna A. Offering preservice teachers field experiences in K-12 online learning：A national survey of teacher education programs[J]. Journal of Teacher Education，2012（3）：185-200
4	11	Staker H. 2012-05. Classifying K-12 blended learning[EB/OL]. http://www.christenseninstitute.org/wp-content/uploads/2013/04/Classifying-K-12-blended-learning.pdf [2021-09-19]
5	10	U. S. Department of Education. 2010. Evaluation of evidence-based practices in online learning：A meta-analysis and review of online learning studies[EB/OL]. http://www2.ed.gov/rschstat/eval/tech/evidence-based-practices/finalreport.pdf [2021-09-19]
6	9	Evergreen Education Group. 2015. Keeping pace with K-12 digital learning：An annual review of policy and practice（twelfth edition）[EB/OL]. http://files.eric.ed.gov/fulltext/ED570125.pdf[2021-09-19]
7	9	Evergreen Education Group. 2011. Keeping pace with K-12 online learning：An annual review of policy and practice（eighth edition）[EB/OL]. http://files.eric.ed.gov/fulltext/ED535912.pdf[2021-09-19]
8	8	Christensen C M，Horn M B，Skater H. 2013. Is K-12 blended bearning disruptive？An introduction of the theory of hybrids[EB/OL]. http://www.christenseninstitute.org/publications/hybrids/[2021-09-19]
9	8	Picciano A G，Seaman J. 2009-01. K-12 online learning：A 2008 follow-up of the survey of U.S. school district administrators[EB/OL]. http://www.researchgate.net/publication/258209071_K-12_Online_Learning_A_2008_Follow-up_of_the_Survey_of_US_School_District_Administrators[2021-09-19].
10	7	DiPietro M，Ferdig R E，Black E W，et al. Best practices in teaching K-12 online：Lessons learned from michigan virtual school teachers[J]. Journal of Interactive Online Learning，2010（1）：10-35

从研究内容来看，可以将上述文献分为如下四大类。

（一）关于在线教育与混合学习效果的元分析研究

这类文献中影响广泛的当属美国教育部于 2009 年发布的著名的关于在线学习效果评估的元分析报告。该报告表明，从一般意义上讲，学生在线学习的效果要优于面对面教学，而混合学习的效果又优于在线学习。[①]芭芭

---

① U. S. Department of Education. 2010. Evaluation of evidence-based practices in online learning：A meta-analysis and review of online learning studies[EB/OL]. http://www2.ed.gov/rschstat/eval/tech/evidence-based-practices/finalreport.pdf[2021-09-19].

拉·米兹（Barbara Means）等在 2013 年发表了关于在线学习与混合学习效果元分析的研究报告，该项元分析再次表明，在线学习的效果优于面对面教学，而混合学习的效果最好。[1]这一研究成果在高等教育及 K-12 教育领域影响广泛并被广泛引用，为混合学习的快速发展和普及提供了有力的理论与实证研究基础。

（二）关于 K-12 领域混合学习实施模式的研究

这类文献包括希瑟·斯特克等在 2012 年发表的关于 K-12 混合学习实施模式分类的研究文献[2]和颠覆式创新理论创始人、克莱顿·克里斯坦森研究所创始人克莱顿·克里斯坦森（Clayton. M. Christensen）等在 2013 年发布的研究报告《K-12 混合学习具有颠覆性吗？——混合学习理论介绍》（*Is K-12 Blended Learning Disruptive? An Introduction of the Theory of Hybrids*）。[3]上述相关研究成果在 2015 年由迈克尔·霍恩和希瑟·斯特克以 *Blended：Using Disruptive Innovation to Improve Schools* 为名出版，其中文版《混合式学习：用颠覆式创新推动教育革命》于 2015 年由聂风华等翻译，由机械工业出版社出版。上述研究者提出的 K-12 领域混合学习实施模式得到了国际混合学习研究和实践领域研究者的广泛认同，成为北美混合学习实施的重要理论和实施框架。

国际研究者将 K-12 领域混合学习的实施分为四大类——转换模式、弹性模式、菜单模式和增强型虚拟模式，其中转换模式又可以分为就地转换、机房转换、翻转课堂和个体转换（图 2-6）。[4]

---

①　Means B，Toyama Y，Murphy R，et al. The effectiveness of online and blended learning：A meta-analysis of the empirical literature[J]. Teachers College Record，2013（3）：1-47.

②　Staker H，Horn M B. 2012-05. Classifying K-12 blended learning[EB/OL]. http://www.christenseninstitute.org/wp-content/uploads/2013/04/Classifying-K-12-blended-learning.pdf[2021-09-19].

③　Christensen C M，Horn M B，Skater H. 2013-05-22. Is K-12 blended learning disruptive? An introduction of the theory of hybrids[EB/OL]. http://www.christenseninstitute.org/publications/hybrids/[2021-09-19].

④　〔美〕迈克尔·霍恩，〔美〕希瑟·斯特克. 混合式学习：用颠覆式创新推动教育革命[M]. 聂风华，徐铁英，译. 北京：机械工业出版社，2015：56-60.

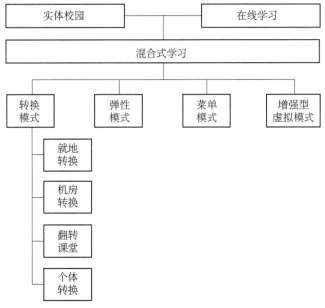

图 2-6　中小学混合学习实施的模式分类

（三）关于北美 K-12 在线教育与混合学习发展现状的调研报告

K-12 在线学习国际联盟及其前身北美在线教育协会（North American Council for Online Learning，NACOL）、常青教育集团（Evergreen Education Group）及致力于推动全球在线教育发展的非营利组织斯隆联盟等都在不同时期发布了 K-12 在线教育与混合学习实践进展的调研报告，深入探讨了 K-12 在线教育与混合学习实施的政策、趋势及最佳实践等问题。2004—2015 年，K-12 在线学习国际联盟共发布了 12 期"持续进展"（Keeping Pace）年度报告，其中引用率较高的是 2011 年和 2015 年的两份调研报告。在 2015 年的调研报告中，研究者指出自 2012 年开始，北美 K-12 领域在线教育与混合学习实践快速发展，参加在线课程学习的学生人数逐步增多，州立虚拟学校在在线教育与混合学习实施中继续发挥着重要的作用。[1]另外，斯隆联盟分别在 2007 年和 2008 年对美国 K-12 领域的在线学习状况开展了全国性的调查，发现虽然许多学校都冠以"在线学习"的名称，但现实中大多数采用的是混合学习的模式。

---

① Evergreen Education Group. 2015. Keeping pace with K-12 digital learning：An annual review of policy and practice（twelfth edition）[EB/OL]. http://files.eric.ed.gov/fulltext/ED570125.pdf[2021-09-19].

同时，研究者认为未来美国将会有越来越多的中小学选择混合学习这一模式。[①]

（四）关于州立虚拟学校的研究

州立虚拟学校已成为美国 K-12 在线教育的主要提供者和主力军，也是全球 K-12 远程教育实践的一种独特制度。[②]巴伯（Barbour）等在 2009 年对虚拟学校的相关研究做了系统的文献综述，探讨了虚拟学校的概念、类型、作用、面临的挑战等关键问题。[③]迪彼得罗（DiPietro）等在 2010 年对密歇根虚拟学校教师的教学实践开展了个案研究，总结了有效在线教学的成功经验[④]，凯瑟琳（Kathryn）等在 2012 年探讨了虚拟学校教师的职前培养问题[⑤]。

另外，从高频引文作者所在机构来看，除了高等教育及科研机构之外，来自非营利组织的研究者占据了一定的比例，如斯隆联盟、北美在线教育协会、K-12 在线学习国际联盟、常青教育集团、创见研究所（Innosight Institute）等，这些组织和机构在推动北美 K-12 在线教育研究和实践的发展中起到了重要作用。

四、关键词共现网络图谱及关键词分布时区图分析

关键词体现了一篇论文的核心内容，能够在一定程度上代表该研究的主题。本研究将在 WOS 数据库中检索到的 565 篇相关文献样本文献的题录信息导入可视化分析软件 CiteSpace 5.8.R1，绘制出文献关键词共现网络图谱（图 2-7），以此来分析 2001—2020 年关于 K-12 在线教育与混合学习的研究主题和热点。

---

① Picciano A G, Seaman J. 2009-01. K-12 online learning：A 2008 follow-up of the survey of U. S. school district administrators[EB/OL]. http://www.researchgate.net/publication/258209071_K-12_Online_Learning_A_2008_Follow-up_of_the_Survey_of_US_School_District_Administrators[2021-09-19].

② Cavanaugh C, Barbour M, Clark T. Research and practice in K-12 online learning：A review of open access literature[J]. International Review of Research in Open and Distance Learning，2009（1）：1-22.

③ Barbour M K, Reeves T C. The reality of virtual schools：A review of the literature[J]. Computers & Education，2009（2）：402-416.

④ DiPietro M, Ferdig R E, Black E W, et al. Best practices in teaching K-12 online：Lessons learned from Michigan Virtual School teachers[J]. Journal of Interactive Online Learning，2010（1）：10-35.

⑤ Kathryn K, Leanna A. Offering preservice teachers field experiences in K-12 online learning：A national survey of teacher education programs[J]. Journal of Teacher Education，2012（3）：185-200.

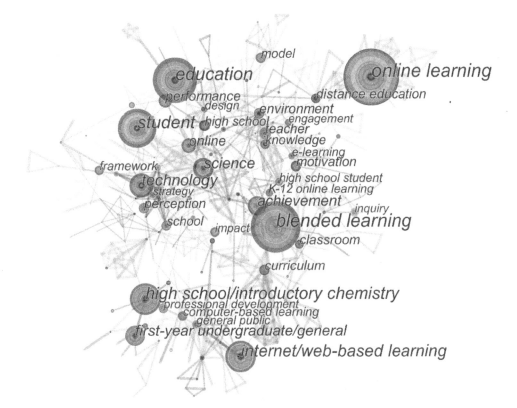

图 2-7　文献关键词共现网络图谱

从图 2-7 可以看出，国际 K-12 在线教育与混合学习的发展同时伴随着教育系统以学生为中心的变革和对教育绩效的追求，K-12 在线教育与混合学习的主要应用对象是高中阶段学生，除了在线教育与混合学习环境、学习技术的研究和学习模式的研究之外，混合学习成效和学生的学习参与、学习动机等问题也备受关注。

在上述关键词共现网络图谱的基础上，本研究又将 CiteSpace 生成的关键词共现网络图谱以"时区图"的形式呈现（图 2-8），能够较为清晰地梳理出 21 世纪以来国际 K-12 在线教育与混合学习的研究热点及主题变迁的发展脉络。

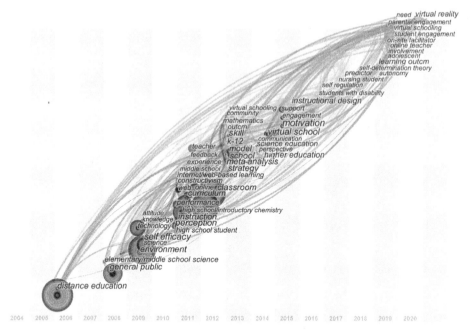

图 2-8　关键词共现网络时区图

从图 2-8 可以发现，国际 K-12 在线教育与混合学习起源于远程教育的研究和实践，早期（2010 年左右）主要聚焦于在线教育及混合学习实施的技术和环境问题；自 2012 年开始，关于在线教育与混合学习的研究开始增多，并且研究主题呈现出多元化特征，主要应用于中学学段，建构主义是其重要的理论指导；2014—2016 年，"虚拟学校"是其持续关注的研究主题，关于在线与混合学习效果的元分析、在线与混合学习策略、学习模式的建构及教学设计等问题也备受关注，关于学生的学习动机、学习参与和学习支持也是研究和关注的热点话题。2017 年之后，对于在线教育与混合学习的关注热度有所降低，但 2020 年再次回升，对混合学习环境下学生学习过程的深入研究成为持续得到关注的主题，例如，学生的自主学习、学习投入、学习参与、学习需求等。2020 年，基于虚拟现实的混合学习环境和在线及混合学习中的父母参与成为新的研究热点。

第四节　国内中小学在线教育与混合学习研究现状

一、数据来源及文献检索方法

本研究的文献计量可视化分析所用数据来源于中国知网的"学术期刊库""博硕士论文数据库"，时间跨度为 2001 年至 2020 年 10 月。我们以"混合学习""混合式学习""混合教学""混合式教学""在线教育""网络学习""线上线下学习""线上学习""网上学习"及"中小学""中学""小学""初中""基础教育""K-12"等作为关键词进行检索筛选，用"AND"将二者进行组配，共获取有效研究样本 386 篇，样本文献数量年份分布如图 2-9 所示。

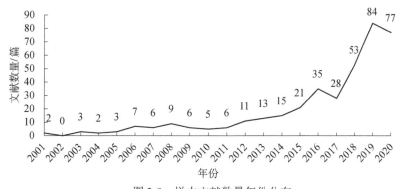

图 2-9　样本文献数量年份分布

从图 2-9 可以看出，在 2012 年之前，国内中小学领域在线教育与混合学习的研究成果非常有限，且大多是对国外研究和发展状况的介绍及关于中小学在线学习应用的理念、价值等方面的学理性探讨。例如，2001 年，张谦在《国外中小学网络学习的进展与推进政策》一文中介绍了教育信息化发达国家基础教育领域开展网络学习的进展状况①，张焕华在《网络在中小学教学中的应用分析》一文中探讨了网络教育的特点、网络教育在中小学应用的可行性及校园

---

① 张谦. 国外中小学网络学习的进展与推进政策[J]. 外国中小学教育，2001（6）：1-7.

网的建设问题①；2003 年，孟庆伟等分析了将网络学习与学校课程整合的价值、作用及实施模式的构建问题②；2005 年，基础教育领域的实践者首次探讨了混合学习的本土化实施及其在广州某小学英语教学中的应用实践，认为混合学习有助于推动新课程教学，有助于课程改革的实现，有助于改善学生的学习方式③；谢非等在 2007 年针对当时基础教育领域"信息技术与课程整合浮于表面无法落实到平时的教学中去，传统教学和利用信息技术的教学'两张皮'现象严重"的问题，结合中学信息技术与课程整合的教科研实践，系统提出了中学混合式学习的实施模式，并且对该模式在佛山市汾江中学的应用进行了案例分析④，这是国内中小学混合学习实施已有研究中的一篇关键文献。2008 年，江苏省常州市第二中学教师汪红艳探讨了运用混合学习提高地理课堂教学的有效性的问题。⑤同年，张芳菲提出了中学英语中混合学习的设计思路和教学模式，这是国内混合学习和学科深度融合应用研究的开始⑥，接着马寅春等在 2009 年开展了混合学习下虚实结合的中学物理实验教学模式构建的研究⑦。

国内关于中小学在线与混合学习研究的相关文献自 2012 年开始稳步增加，尤其是在 2018 年之后迅速增加。2020 年，受到新冠肺炎疫情期间的大规模在线教学实践的影响，基础教育领域对于在线教学、在线学习和混合学习的关注度大大提高，研究成果逐渐增多。

二、关键词共现网络图谱及关键词分布时区图分析

本研究将在学术期刊库和博硕士论文数据库内检索到的 386 篇在线教育与混合学习样本文献的题录信息导入可视化分析软件 CiteSpace 中，绘制出关键

① 张焕华. 网络在中小学教学中的应用分析[J]. 中国电化教育，2001（11）：51-53.
② 孟庆伟，巴继伦，刘婷. 中小学课程与网上学习的整合探讨[J]. 信阳师范学院学报（哲学社会科学版），2003（6）：55-57.
③ 于芳，黄瑞萍. 混合学习——改善学习的新方法[J]. 现代教育论丛，2005（4）：58-61.
④ 谢非，余胜泉. 中学混合式学习的教学实施模式[J]. 现代教育技术，2007（11）：79-83.
⑤ 汪红艳. 运用混合学习提高地理课堂教学的有效性[J]. 中学地理教学参考，2008（3）：33-34.
⑥ 张芳菲. 中学英语课程的混合学习研究[J]. 软件导刊（教育技术），2008（6）：29-31.
⑦ 马寅春，姜艳. 混合学习下虚实结合的中学物理实验教学模式的构建[J]. 软件导刊（教育技术），2009（11）：23-26.

词共现网络图谱（图 2-10）。由此可以发现，国内基础教育领域的在线与混合学习研究仍然处于较为分散和零散的状态，尚没有形成具有较大影响力的研究主题和研究热点。

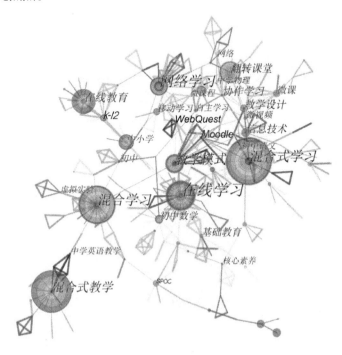

图 2-10　关键词共现网络图谱

从图 2-10 可以发现，国际 K-12 在线教育发展和以核心素养为代表的基础教育课程改革是国内中小学在线与混合学习实施的时代和政策背景，基础教育领域的在线教育与混合学习研究与翻转课堂、微课（微视频、微课程）应用、移动学习、虚拟实验等都存在较为密切的关系，Moodle 平台成为中小学在线教育与混合学习实施的重要信息化环境，信息技术课、中小学英语、初中数学和初中语文等是混合学习应用的主要学科。

为了能够更加清晰地了解进入 21 世纪后国内基础教育领域在线教育与混合学习研究的整体发展脉络和不同时期的关键特征，本研究同样借助于CiteSpace 软件制作了在线教育与混合学习发展的"关键词时区图"，如图 2-11所示。

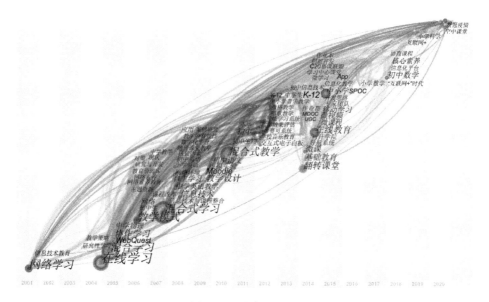

图 2-11   关键词时区图

从图 2-11 的关键词变迁可以发现，2000 年 10 月教育部召开的全国中小学信息技术教育工作会议及在全国中小学普及信息技术教育政策的实施[①]，在一定程度上影响和推动了中小学网络（在线）学习的起步与发展；2004—2005年，"混合（式）学习"在"在线学习"之后作为一个专业术语出现在基础教育研究文献之中，并于 2008 年左右再次得到关注，这一时期"信息技术与课程整合"是中小学在线教育与混合学习实施出现的时代背景和现实需求。

2001—2012 年，国内基础教育领域对于混合学习的关注经历了从单纯的网络（在线）学习到混合学习，再到系统化的教学模式和在线与混合学习教学设计及政策实施的过程，其中 Moodle 成为中小学开展混合学习的常用在线教学平台。2012 年，缪蓉等以北京市某中学的初一学生为对象，在结合课堂授课、面授培训、网络学习三种学习形式于一体的混合式英语教学环境中开展了初中英语混合式教学交互行为研究。[②]2012 年，丁竹卉等和北京汇文中学合作，开展了智能教学系统（"希赛可"）的初中英语混合教学实施效果评估研究[③]，王

①   柳瑞雪，任友群，李锋等. 走进新时代：我国中小学信息技术教育的历史成就、问题挑战与改革策略[J]. 现代教育技术，2018（6）：17-24.
②   缪蓉，孙茂元. 初中英语混合式教学交互行为的研究[J]. 现代教育技术，2012（1）：70-76.
③   丁竹卉，贾积有，陈宇溟等. 中学英语教学中应用智能教学系统的效果评估——以"希赛可"为例[J]. 现代教育技术，2012（4）：68-72.

囡对美国 K-12 在线学习体制、政策法规及支持服务体系（包括虚拟学校）建设等进行了系统分析①，使国内对于在线与混合学习的研究由微观的学科应用层面扩展到更加宏观、复杂的在线教育政策、制度等研究领域。

自 2013 年开始，国内基础教育领域关于在线教育与混合学习的研究成果逐步增多，在学科中的应用也不断扩展，但并没有形成核心研究领域。随着混合学习实践的逐步深入，形成了三条研究主线：一是继续对国际上（尤其是美国）K-12 在线教育与混合学习的研究和实践成果进行追踪引介，2014—2017年发表了系列介绍美国 K-12 网络（在线）教育、在线学习及混合学习的相关学术论文，如郑燕林等介绍和分析了美国 K-12 网络教育的发展目标、发展路径及相关制度、规范建设②，阮士桂、方圆媛等以常青教育集团发布的研究报告为对象，系统回顾和总结了美国 K-12 在线学习的现状和发展趋势③。刘晓琳等通过访谈 K-12 在线学习国际联盟时任副主席艾雷森·鲍威尔（A. Powell），介绍和分析了美国 K-12 在线教育、数字教育资源开发及混合学习的现状和趋势问题④。石小岑专门介绍和分析了美国 K-12 混合学习实施的转换模式、弹性模式、菜单模式和增强型虚拟模式，并总结了美国 K-12 混合学习的特点。⑤梁林梅等对美国 K-12 在线教育的发展历程、州立虚拟学校及系统结构进行了分析。⑥二是从对混合学习环境及学习资源的关注进入对学习（教学）理论的关注阶段，尤其是在 2016 年建构主义学习理论重新受到关注，个别化教学理论、协作建构理论、情境学习理论、对话理论等成为推动混合学习深入应用的重要理论基础。三是混合学习在小学语文、小学数学、初中数学等学科的应用得到进一步发展。

① 王囡. 美国 K-12 在线学习政策的实践样态、走向与启示[J]. 北京广播电视大学学报，2012（1）：42-47.

② 郑燕林，柳海民. 美国 K-12 网络教育发展的特征及启示[J]. 中国电化教育，2014（3）：42-50.

③ 阮士桂，郑燕林. 美国 K-12 在线学习发展现状与趋势探究及其启示[J]. 现代远距离教育，2015（1）：74-80；方圆媛，李璐，张纲. 美国 K-12 数字学习最新进展——一项基于常青教育集团2014年度报告的研究[J]. 中国电化教育，2016（3）：57-64.

④ 刘晓琳，胡永斌，黄荣怀等. 全球视野下美国 K-12 混合与在线教育的现状与未来——与 K-12在线教育国际联盟副主席艾雷森·鲍威尔博士的学术对话[J]. 现代远程教育研究，2015（1）：3-11.

⑤ 石小岑. 美国 K-12 混合式学习模式变革的多元化路径[J]. 远程教育杂志，2016（1）：53-60.

⑥ 梁林梅，赵柯杉. 美国 K-12 在线教育：现状、系统结构与政策分析[J]. 中国电化教育，2017（11）：65-71.

2018 年之后，国内对基础教育领域在线教育与混合学习的研究和关注持续增加，核心素养、创新能力培养等成为新的研究议题，尤其是受到 2020 年新冠肺炎疫情期间全球范围内的大规模常态化在线教学实践的影响，基础教育领域的在线与混合学习从过去不受重视的边缘状态成了实践和研究关注的热点。

第五节　国际 K-12 在线教育与混合学习发展现状总结

一、北美已经形成了较为成熟的在线教育系统结构

21 世纪以来，在政府部门、教育管理部门、非营利组织、州立虚拟学校、中小学、教育信息化企业及相关利益群体的共同推动下，北美的 K-12 在线教育系统已经形成了较为成熟的、推动在线与混合学习实践持续发展的系统结构（图 2-3）。[①]

二、北美在线教育与混合学习的发展经历了两个关键阶段

在颠覆性创新研究领域产生广泛影响的克莱顿·克里斯坦森研究所自 2010 年开始关注和研究全球 K-12 领域的在线教育与混合学习问题。该研究团队指出，在线教育进入基础教育领域经历了两个发展阶段——第一个阶段是为了满足基础教育领域没有机会进入传统学校学习的少数学生群体的特定需求，服务于那些非主流学生。[②]因此，对于大多数学生来说，这一阶段的在线教育并无吸引力；当在线教育逐步普及，被越来越多的学校（学生）及家长接受，甚至

---

① 梁林梅，赵柯杉. 美国 K-12 在线教育：现状、系统结构与政策分析[J]. 中国电化教育，2017（11）：65-71.

② 例如，农村小规模学校的学生、需要重修毕业学分的高中生、学习大学先修课程（AP 课程）的学生或者参加夏令营的学生等。

在某些方面已经开始替代传统教学，在线教育开始逐步融入学校的课堂教学时，便进入了其发展的第二阶段"校内混合学习"。在这一阶段，在线教育开始融入基础教育系统的主流，并且校园内混合学习的实施开始引发学校系统以学生为中心的课堂变革，有研究者认为在线教育和中小学校园的混合成为在线教育融入主流的一项重大突破。[①]

三、K-12 在线教育与混合学习正在成为全球性的教育变革新趋势

从本书以 WOS 外文期刊库为对象所做的 K-12 在线教育与混合学习文献计量学研究的分析结果可以看出，虽然与高等教育领域的混合学习研究和应用相比，K-12 在线教育与混合学习起步较晚，应用范围和影响都比较有限，但进入 21 世纪之后，K-12 领域的在线教育与混合学习已逐步发展成为一种全球性的教育变革趋势，在美国、加拿大、澳大利亚、西班牙、荷兰、英国及中国等的引领下，土耳其、马来西亚、新加坡、瑞典、南非、希腊等国家纷纷致力于 K-12 在线教育与混合学习的研究。除了本研究团队对于美国和加拿大 K-12 在线教育与混合学习的系统分析[②]，《K-12 在线与混合学习研究手册（第二版）》[*Handbook of Research on K-12 Online and Blending Learning*（Second Edition）]中也介绍了在线与混合学习在新西兰、新加坡及冰岛等的发展和实践情况。[③]

四、非营利组织在推动北美 K-12 在线教育与混合学习研究和实践发展中发挥了重要作用

从本研究通过文献计量方法得到的前 10 篇高频引文作者所在机构来看，除了高等教育及科研机构之外，来自非营利组织的研究者占据了一定的比例，

---

① 〔美〕迈克尔·霍恩，〔美〕希瑟·斯特克. 混合式学习：用颠覆式创新推动教育革命[M]. 聂风华，徐铁英，译. 北京：机械工业出版社，2015：2-5，31-33.

② 梁林梅. 加拿大 K-12 远程、在线与混合学习的经验及启示[J]. 数字教育，2019（6）：80-86.

③ Kennedy K, Ferdig R E. Handbook of Research on K-12 Online and Blending Learning（Second Edition）[M]. Pittsburgh：Entertainment Technology Center（ETC）Press，2018：617-664.

如 K-12 在线学习国际联盟、常青教育集团、克莱顿·克里斯坦森研究所、斯隆联盟等，这些组织和机构在推动北美 K-12 在线教育与混合学习研究和实践中起到了重要作用。尤其是在颠覆性创新研究领域产生广泛影响的克莱顿·克里斯坦森研究所自 2010 年开始关注和研究全球 K-12 领域的在线教育与混合学习问题，其提出的关于 K-12 混合学习的定义①、K-12 混合学习的分类（模式）②等，都得到了较为广泛的接受和认同。

为了推动 K-12 在线教育与混合学习的普及，克莱顿·克里斯坦森研究所还编制了一系列学区及学校层面实施混合学习的典型案例，例如，华盛顿的哥伦比亚公立学校学区的 17 所中小学的混合学习实施案例③、纽约弥尔顿城市学校学区在 33 个班级实施的混合学习改革案例④、美国宾夕法尼亚州的春城小学（the Spring City Elementary Hybrid Learning School）的混合学习案例⑤、伦道夫中央校区的混合教学改革⑥等，这些实践案例在全球 K-12 在线教育与混合学习的研究和实践者中产生了广泛影响，对 K-12 在线教育与混合学习的推广起到了很大的作用。

①　Staker H，Horn M B. 2012-05. Classifying K-12 blended learning[EB/OL]. http://www.christenseninstitute.org/wp-content/uploads/2013/04/Classifying-K-12-blended-learning.pdf[2021-09-19].

②　Staker H. 2011-05. The rise of K-12 blended learning[EB/OL]. http://www.christenseninstitute.org/wp-content/uploads/2013/04/The-rise-of-K-12-blended-learning.emerging-models.pdf[2021-09-19]；Christensen C M，Horn M B，Skater H. 2013-05-22. Is K-12 blended learning disruptive? An introduction of the theory of hybrids[EB/OL]. http://files.eric.ed.gov/fulltext/ED566878.pdf[2021-09-19].

③　Evergreen Education Group. 2015. Proof points：Blended learning success in school districts—Washington，D. C[EB/OL]. http://www.christenseninstitute.org/wp-content/uploads/2015/05/DCPS.pdf[2021-09-19].

④　Evergreen Education Group. 2015. Proof points：Blended learning success in school districts—Middletown，New York[EB/OL]. http://www.christenseninstitute.org/wp-content/uploads/2015/09/Enlarged-City-School-District-of-Middletown.pdf[2021-09-19].

⑤　Evergreen Education Group. 2015. Proof points：Blended learning success in school districts—Royerford，Pennsylvania[EB/OL]. http://www.christenseninstitute.org/wp-content/uploads/2015/04/Spring-City-Elementary-Hybrid-Learning-School.pdf[2021-09-19].

⑥　Evergreen Education Group . 2015. Proof points：Blended learning success in school districts—Randolph，New York[EB/OL]. http://www.christenseninstitute.org/wp-content/uploads/2015/04/Randolph-Central-School-District.pdf[2021-09-19].

五、"如何有效实施"已成为全球 K-12 在线教育与混合学习研究和实践面临的关键问题

自 2009 年美国教育部关于在线学习元分析的经典报告发布以来[①]，关于混合学习效果优于单纯的在线学习或面对面教学的优势正在被越来越多的研究者、实践者及教育政策制定接受，结合了在线学习和面对面学习优势的混合学习更加符合 K-12 领域学生的现状和需求，受到越来越多学区、学校和教师的欢迎。

从文献分析来看，2012 年成为北美 K-12 在线教育与混合学习研究和实践的"拐点"，这一年的相关研究文献与 2010 年相比大幅度增长，从文献的关键词分布时区图可以发现，国际上自 2012 年关于 K-12 在线教育与混合学习的研究开始增多，并且研究主题呈现出多元化特征；2012 年，克莱顿·克里斯坦森研究所的研究人员发表了影响广泛的关于 K-12 混合学习分类的文章[②]，K-12 在线学习国际联盟和常青教育集团联合发布的关于美国 K-12 在线教育与混合学习实践和政策现状的"持续进展"年度报告[③]被广泛引用。自 2012 年之后，以北美地区为代表的 K-12 在线教育与混合学习核心问题已经由"是否必要、是否可行"发展到"如何有效实施"的新阶段。

六、对新型混合学习环境下学生学习过程和学习效果的深入研究，成为近年来 K-12 在线教育与混合学习研究的新趋势

从国内外 K-12 在线教育与混合学习发展的关键词分布时区图和关键词聚类时间线图可以发现，受到以云计算、大数据、学习分析及人工智能等为代表

①　U. S. Department of Education. 2010. Evaluation of evidence-based practices in online learning: A meta-analysis and review of online learning studies[EB/OL]. http://www2.ed.gov/rschstat/eval/tech/evidence-based-practices/finalreport.pdf [2021-09-19].

②　Staker H. 2012-05. Classifying K-12 blended learning[EB/OL]. http://www.christenseninstitute.org/wp-content/uploads/2013/04/Classifying-K-12-blended-learning.pdf[2021-09-19].

③　Evergreen Education Group. 2011. Keeping pace with K-12 online learning: An annual review of policy and practice (eighth edition) [EB/OL]. http://files.eric.ed.gov/fulltext/ED535912.pdf[2021-09-19].

的新一代信息技术的影响，新型混合学习环境下学生学习过程和学习效果的深入研究成为近年来 K-12 在线教育与混合学习研究的新趋势，例如，对于学生的自主学习、个性化学习、深度学习、学习投入、学习参与、学习需求等的深入研究。

七、抗疫新时期中小学在线教育与混合学习面临着新的发展机遇和挑战

从国外及国内已有文献的可视化分析数据来看，2020 年后，国内外关于 K-12 在线教育与混合学习的研究重新受到关注，其中的一个主要原因是 2020 年新冠肺炎疫情的突然出现及持续影响，使国内外基础教育领域再次认识到在线教育与混合学习的优势和重要作用，对于国内的基础教育而言，校园内的在线教育、在线与混合学习由过去不受重视到受到广泛关注，尤其是随着 2021 年 1 月《教育部等五部委关于大力加强中小学线上教育教学资源建设与应用的意见》的出台，中小学教育管理人员、校长、教师及家长对于在线教育与混合学习的接受度和重视度大大提升。然而，对于国内的基础教育而言，面对抗疫新时期的教育发展和变革的新需求，如何系统化、持续性地有效实施在线教育与混合学习，仍然是未来需要解决的关键问题。

第三章 "视像中国"中小学在线课程设计与开发

第一节 "视像中国"远程教育实践共同体的发展与组织机制

一、"视像中国"远程教育实践共同体的三个发展阶段

经过十多年的发展，"视像中国"远程教育实践共同体的活动已成为中国基础教育领域极具影响力的开放教育实践（图 3-1）[①]，成为在国内基础教育信息化实践领域产生一定影响的较为成熟的实践共同体组织。

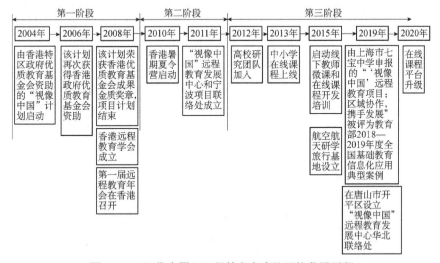

图 3-1 "视像中国"远程教育实践共同体发展历程

---

① 陈圣日，许波. 跨越学校围墙的教育："视像中国"远程教育项目十年追梦[M]. 北京：北京师范大学出版社，2016：前言.

（一）第一阶段：以中国香港地区为主

"视像中国"远程教育项目源于高校研究者和中小学合作的、由政府部门（香港教育局）资金支持的科学研究项目。该共同体源于 2004 年受香港特区政府优质教育基金会资助的"视像中国"项目，该项目由香港中文大学与香港联校资讯科技学会联合申报，项目主持人为当时的香港中文大学黄宝财教授。该项目旨在借助网络视频电话、网络视频会议系统等多种信息化形式，促进香港中小学和内地学校的互动、交流，拓宽学生的视野。[①]

"视像中国"项目发起人黄宝财教授回忆[②]：

> 1998 年，香港特区政府开始推行信息科技教育改革的第一个五年计划，2000 年，香港的中小学校基本上完成了信息化的基础设施建设，近八成的中小学已使用光纤宽带上网，联校进行的网上活动、比赛、专题协作研究等活动已积极展开，其中就已经有和内地多所地方学校合作开展的网络校际协作项目。

在教育信息化发展的大背景下，在黄宝财教授的策划和主持下，香港中文大学与香港联校资讯科技学会联合申请的"视像中国"项目于 2004 年 7 月获得香港优质教育基金资助的批复。在谈到"视像中国"项目创设的起因时，黄宝财教授说道：

> 十年前我看到教育部部长周济的一个发言，表示要通过网络让城乡差距缩小，那时我就想，我是网络技术方面的专家，怎么能够利用互联网把教育带到那些比较落后的地方，因为他们那里难找好的老师，难找好的资源，难找好的课程，而互联网可以把一些好的东西带给他们。[③]

2006 年，"视像中国"项目再次获得香港优质教育基金的资助，2008 年该项目作为一个政府资助的科研项目结项，并且在香港优质教育基金成果展中脱

---

① 谷艳丽. 视像中国结盟互动[N]. 中国电脑教育报，2005-04-25（T00）.

② 引自本书作者对黄宝财教授的访谈资料。

③ 梁林梅，许波，陈圣日等. 以网络校际协作促进区域教育均衡发展的案例研究——以宁波市江东区为例[J]. 远程教育杂志，2015（3）：103-112.

颖而出，荣获金质奖章。

在 2004—2008 年"视像中国"远程教育计划实施的过程中，最初由中国福利会少年宫计算机活动中心和上海市七宝中学共同支持该项目在中国的推进和发展①，参加该计划的包括多个省市的教育局和中小学校，马来西亚、新加坡等国家也有学校参与其中。该项目无论是在技术应用的经验还是活动的组织方式方面，都取得了较好的进展，对基于远程实时网络环境下的教育教学活动有了良好的经验与资源积累，在促进跨区域网络协作学习及教育交流方面起到了积极的作用，同时在中小学远程教学实践领域积累了丰富的组织、实践经验和数字化资源。

（二）第二阶段：发展重心从中国香港地区向中国内地教育发达地区转移

2008 年香港优质教育基金会资助计划的结束并不代表"视像中国"项目的终结。上海市七宝中学负责该项目的陈圣日老师作为内地唯一参加香港优质教育基金优秀项目表彰颁奖典礼的代表，回来后和大家共同讨论"视像中国"项目的何去何从问题。大家一致认为，项目学校发展了这么多，已经形成了很好的资源积累和有效的组织形态，一下全部宣布解散是很可惜的，都表示要想办法把项目继续做下去。于是，大家又与香港中文大学黄宝财教授积极联系，征求了香港多所项目学校的意见，在香港和内地同人的共同努力之下，2008 年，"视像中国"项目核心成员在香港成立了香港远程教育学会，与香港联校资讯科技学会共同继续致力于促进远程教育技术在中小学的应用。2011 年，在上海市七宝中学成立了"视像中国"远程教育发展中心，由上海市七宝中学教育集团承担"视像中国"项目的日常事务与联络工作，发展并协调海内外各项目区域的合作交流。同时，在宁波市江东区（现鄞州区）教育局成立了"视像中国"项目联络处。②

因此，从组织机制和性质上来看，"学会""中心""联络处"的成立，意

---

① 陈圣日，许波. 跨越学校围墙的教育："视像中国"远程教育项目十年追梦[M]. 北京：北京师范大学出版社，2016：前言.

② 陈圣日，许波. 跨越学校围墙的教育："视像中国"远程教育项目十年追梦[M]. 北京：北京师范大学出版社，2016：前言.

味着 2008 年之后的"视像中国"项目从一个初期的由政府资助的科研项目转化为由跨区域的多个部门共同支持的民间公益组织，也标志着"视像中国"项目由一个科学研究项目向教育信息化教学应用实践共同体组织形态发展的初步转变。在向教育信息化教学应用实践共同体转化和发展的过程中，除了"视像中国"项目香港地区核心成员、内地牵头单位上海市七宝中学之外，上海市教育委员会、上海市闵行区教育局、浙江省宁波市江东区（现鄞州区）教育局、广东省佛山市南海区教育局、深圳市南山区教育局等也一直积极支持和关注"视像中国"项目的活动及其发展，逐步形成了"沪港甬"三地鼎力推进的发展格局，以民间实践共同体的组织形态活跃在国内基础教育信息化发展的前沿。

（三）第三阶段：实践共同体机制初步形成

2012—2013 年，在共同体核心团队及"视像中国"远程教育发展中心的引领下，实践共同体进一步发展和壮大，信息化教学应用的形式和内容进一步得到拓展。2012 年，高校研究者（北京师范大学、南京大学及河南大学）加入共同体核心团队，共同体创新设计了"远程课程交换"的资源共享模式，推出了以同步视频课堂为主的网络拓展课程跨校、跨区域共享，这一新的课程形态大大提高了项目学校参与的积极性，也丰富了所在学校的课程类型和课程资源。同时，"视像中国"远程教育发展中心与高校专业人员和上海东方飞行培训有限公司、上海航天技术研究院等机构合作，为中小学生设计和开发了异步在线课程，并提供了课程运营支持服务，建成了信息素养、生涯规划和民族理解三类中小学在线课程体系，丰富了共同体学校的课程资源，使更多的中小学生有机会体验在线课程的学习。基于在线课程的校本混合学习实施，也进一步丰富了学校的课程形态，扩大了混合学习的应用范围。2013 年，"视像中国"远程教育发展中心和高校专业人员合作，为共同体成员校教师提供微课设计与开发及在线课程开发的公益培训，大大提高了共同体成员校教师的信息化专业发展水平。

2012 年之后，越来越多的内地学校和经济欠发达地区学校加入"视像中国"项目，并且在参与共同体的实践中获得了成长和发展。自 2012 年开始，位于江西省井冈山市的农村学校龙市小学借助于城乡同步课堂，为共同体的多所城市学校开设体现井冈山精神的"小故事　大精神"网络拓展课程。2015 年 5 月，该校代表江西省参加了在青岛举办的全国教育信息化应用展，并作为江西省唯一、全国仅有的六所中小学之一，入选中央电教馆 2015 年编制的《公平 质量 创新 发展——中小学信息技术教学应用优秀案例集》。①2016 年，河北省唐山市开平区九所学校在教育局的支持下加入"视像中国"项目，2019 年共同体在唐山市开平区教育局成立"视像中国"远程教育发展中心华北联络处。2017 年，河南省郑州市二七区运河城实验小学在河南大学梁林梅教授的支持下加入"视像中国"项目，并且依托在线课程"民族理解"开展校本混合学习探索，2020 年，其申报的"校本课程线上线下混合式学习实践研究——以运河城实验小学为例"获得了河南省 2020 年度教育信息化创新应用类成果一等奖。2019 年，由上海市七宝中学申报的"'视像中国'远程教育项目：区域协作，携手发展"被评为教育部 2018—2019 年度基础教育信息化应用典型案例②。2020 年，基础教育领域经过了疫情期间大规模常态化在线教育的洗礼和考验，在线教育与混合学习得到了越来越多教育管理部门及学校、教师的接受和认可。为了满足新一代信息技术支持下的中小学在线课程应用及校本混合学习深入发展的需求，"视像中国"远程教育发展中心启动了在线课程平台的升级改造工作，高校研究团队正在致力于设计和开发更多的中小学在线课程。

二、"视像中国"远程教育实践共同体开展的主要活动

活动是实践共同体的主要实践方式，也是激发和维持共同体成员持续性参与的重要手段。"视像中国"远程教育实践共同体运行十多年以来持续组织开展了多样化的线上、线下学习和交流活动，主要形成了下述五种较为成熟且深受欢迎的活动形式：①基于网络的共同体学校学生交流活动，包括网络辩论（讲故事）比赛、基于网络的校际跨文化交流活动、远程读书交流会等；②借助于同步（专递）课堂的共同体学校拓展课程交换、共享③；③由合作高校为

---

① 中央电化教育馆. 公平 质量 创新 发展——中小学信息技术教学应用优秀案例集[C]. 北京：中央电化教育馆，2015：98-106.

② 教育部基础教育司. 2019-12-20. 关于公布 2018—2019 年度基础教育信息化应用典型案例名单的通知[EB/OL]. http://www.moe.gov.cn/s78/A06/tongzhi/202006/t20200628_468839.html [2021-09-19].

③ 在浙江省教育厅 于 2015 年发布的《关于深化义务教育课程改革的指导意见》中，将义务教育课程分为基础性课程和拓展性课程，并且规定每学年拓展性课程课时占总课时的比例：一至六年级为 15%左右，七至九年级为 20%左右；在上海市的课程方案中，将学校课程分为基础型课程、拓展型课程和探究型课程三类。"视像中国"项目主要聚焦于共同体学校借助网络开展拓展课程的交换和共享。

共同体学校开发的中小学异步在线课程；④多种形式的学生线下交流活动，包括结对（姊妹）学校之间的互访交流、夏令营/冬令营/实践基地研学旅行等；⑤远程教育年会和教师线下专题培训等。

在"视像中国"远程教育实践共同体发展的第一和第二阶段，以共同体成员校之间的学生网上实时辩论赛、网上跨文化交流活动和教师网上教研活动为主，辅以每年的线下远程教育年会和为数不多的"姊妹学校"交流互访等活动。在共同体发展的第三阶段，扩大到基于网络的同步拓展课程、异步在线课程与校本混合学习、围绕在线课程实施的学生夏令营/冬令营/实践基地研学旅行、以微课程开发和在线课程制作为主题的教师线下培训等多种实施形式。

因此，"视像中国"项目起步的时候，主要是借助于网络开展校际学生活动，后来扩展到同步/专递课堂，这样就从活动走进了课程，之后逐步拓展到教师培训、异步在线课程与校本混合学习等多种形式，形成了教师、学生共同参与的成熟、稳定的多种形式的线上线下混合学习活动内容体系（图3-2）。

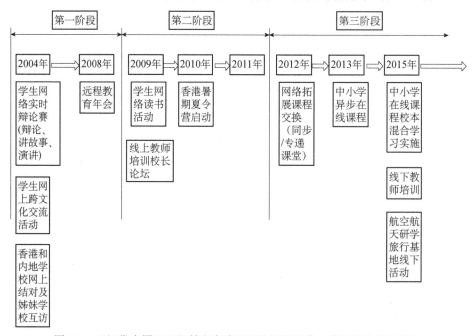

图3-2 "视像中国"远程教育实践共同体开展的线上线下混合学习活动

（一）学生网络校际交流活动

1. 网络实时辩论赛

"视像中国"项目的发起人之一、香港联校资讯科技学会会长梁锦松先生回忆：

> 1998 年，香港开始在学校推进资讯科技，大部分教师都在使用PPT 教学，我当时就倡导资讯科技应该用网络来教学。网络是全球化的，是实时的，可以互动。2000 年，我就在想如何借助于网络打破地理的限制，开展实时的、互动的交流。于是，我就尝试带领一些学校通过网络来组织辩论比赛。[①]

2004 年，"视像中国"项目创建之初，网络实时辩论比赛一直是实践共同体的常态化学生活动之一，赛事以中英文为主，分小学、初中、高中三个学段，以辩论、讲故事、演讲等为主要形式，如表 3-1 所示。网上实时辩论赛为香港和内地的中小学生提供了一个展示自我的平台，极大地锻炼了他们的口头表达能力、批判思维及合作能力，受到共同体学校师生的广泛欢迎。

表 3-1　网络实时辩论比赛示例

网络实时辩论赛（2017 年上半年）	
小学中文讲故事	9 场，34 所学校
小学英文讲故事	6 场，19 所学校
小学中文辩论赛	14 场，28 所学校
小学英文辩论赛	2 场，4 所学校
初中中文辩论赛	11 场，22 所学校
初中英文辩论赛	7 场，14 所学校
高中中文辩论赛	4 场，8 所学校
高中英文辩论赛	2 场，2 所学校
总计 55 场，涉及近 100 多所学校、220 名学生	

2. 基于网络的校际跨文化交流和读书活动

除了网络辩论赛，实践共同体成员校学生基于网络进行的跨文化交流活动

---

① 引自本书作者对梁锦松先生的访谈资料。

也是"视像中国"远程教育实践共同体的主要活动之一，尤其是在共同体发展的前两个阶段。宁波某学校的校长回忆：

> 开始，更多的是借助于网络让我们的孩子跟香港的孩子之间讲故事、开展辩论赛，后来让我们的孩子参加了"五地网上庆新春"的学生活动，我们的老师也给香港的学生讲一些关于中华传统文化的内容。2007—2009 年，组织了一些网上活动，基本是以两地的学生为主，共同学习我们民族的一些东西，像剪纸、一起过中秋节等。

宁波某学校的校长至今还记得他们第一次带领学生参加元宵节网上活动的经历：

> 过元宵节的时候，香港的"姊妹学校"请我们教他们做元宵。说实在话，对于做元宵，我们心里也没底，当时我很紧张。我们把它当成学校里的一件大事，把所有老师都集中起来，叮嘱他们一定要把整个做元宵的过程仔仔细细地演练几遍。
>
> 到元宵节那天，开始交流的十几分钟内，我感觉我们的孩子十分紧张，动也不敢动，说也不敢说，我们的老师也一样，非常紧张。本来演练得很熟练，中间却出现了小小的波折。进入后半段，我们的孩子逐渐放开了，特别是从画面当中看到香港小朋友把元宵粉弄得脸上、身上都是的时候，他们开心地笑了，开始交流、说话。煮好元宵后，两地小朋友一块对着屏幕吃，那时候大家的心里都放松了。

除了学生之间的网络跨文化交流活动，自 2009 年开始启动的网络读书活动（"品味儿童文学，打造书香校园"名著阅读远程交流）也受到了共同体成员校的欢迎，网络读书活动一直持续至今。宁波某学校的校长回忆：

> 我们整个三年级的一百多名学生和广东佛山官窑镇中心小学三年级学生一起阅读安徒生童话"皇帝的新装"，并且在学校演播室通过网络用多种形式（表演、讲故事等）来交流阅读的心得体会……这次活动为孩子们搭建了一个很好的交流、展示平台。在我们的孩子中，有外来务工人员子女，有的孩子家里没有电脑，这次活动让他们觉得

太神奇了，广东这么远的地方，通过网络可以进行实时同步交流，孩子们觉得网络的天地真是太大了。①

（二）借助同步（专递）课堂共享优质课程资源

2004—2006 年，为了满足当时一部分香港学校对普通话教学的需求，"视像中国"远程教育发展中心开发了"普通话空中课堂"，由上海市七宝中学和文莱中学的教师为香港学校的学生定期通过网络上普通话课。②为了服务于实践共同体学校的校本课程建设，推动共同体学校之间的持续、深度交流，2012年，"视像中国"远程教育发展中心创新设计和实施了共同体成员校之间的借助于同步（专递）课堂的优质课程交换共享模式，即共同体学校相互间借助于同步课堂或专递课堂的方式交换、共享课程资源，双方把对方的课程放进本地的课程表，以选修课的形式让自己学校的学生来选择。这种"以物易物"模式的课程交换使得项目学校之间可以提供课程或选择课程，有"付出"也有"回报"。这使得学校与学校之间的课时费问题变得非常简单，即无论"输出"还是"输入"课程，只要大家共同遵守课程共享协议，各自承担本校老师的课时费就可以了。"视像中国"实践共同体通过这一机制来激励和引领区域及学校共同参与课程资源建设，丰富了各校的校本课程体系，同时也促进了校本课程的开发与推广，借助互联网扩大了优质课程资源的共享范围。自 2012 年以来，"视像中国"实践共同体共推出了近 300 门拓展课程。

宁波市某小学校长总结和回顾了该学校参加拓展课程交换的历程：

"经典诵读"是我们学校的教学特色，到六年级时校本教材已经加入了很多古文篇目。2012 年上半年，我们学校六年级小学生选择了上海市七宝中学陈老师的"经典诵读"拓展课程，虽然陈老师讲解得比较深，但是孩子们非常愿意听。陈老师上课的时候，我还让所有有时间的语文老师和孩子们一起在网上观摩，老师们也有很大的收获。

2012 年下半年，我们邀请了上海外国语大学闵行实验学校的朱老

---

① 梁林梅，许波，陈圣日等. 以网络校际协作促进区域教育均衡发展的案例研究——以宁波市江东区为例[J]. 远程教育杂志，2015（3）：103-112.

② 陈圣日，许波. 跨越学校围墙的教育："视像中国"远程教育项目十年追梦[M]. 北京：北京师范大学出版社，2016：前言.

师专门通过网络直播的形式给我们讲关于《弟子规》的课程，我们尝到了远程课程交流的甜头。由于学校的资源有限，对于学生的社团活动，我们期望也可以通过远程教育的方式由其他地区学校的老师上课。今年实现了这一计划，上海闵行区有一所小学提供了"民间艺术剪纸"课程，我们现在就在跟着上。①

在共享其他学校课程的同时，宁波的学校也开始"输出"自己的特色课程：

> 2012 年上半年，江西井冈山龙市小学三年级学生选择了我们的国学校本课程，我们的老师为他们讲授了七次课；2012 年下半年，重庆市北碚区中山路小学四年级的学生也选了我们的国学校本课程，我们的老师给他们上了八次课。我们学校的 18 位语文老师轮流上，给每一个老师展示的机会，反过来，也给每一位老师施加一定的压力。今年上半年，温州市百里路小学选择了我们二年级的一门课程……②

作为山区农村学校，江西井冈山龙市小学更是充分共享了"视像中国"项目推出的拓展课程资源。它先后接收了复旦大学附属闵行实验学校的英语课、宁波市鄞州区新城第一实验学校的心理课和栎木小学的国学经典诵读课等，提高了农村学校的英语教学质量，丰富了学校的拓展课程资源。随后，学校利用自身具有的得天独厚的井冈山革命传统教育资源，设计和开发了以"小故事 大精神"校本教材为基础、以多媒体教学资源为载体的井冈山革命传统教育网络拓展课程，并且通过课程"输出"的形式和实践共同体成员校共享。从 2012 年起，井冈山龙市小学已经通过专递课堂的形式，为上海市康城实验学校、复旦大学附属闵行实验学校、上海市闵行区航华第一小学、宁波市鄞州区外国语实验小学、佛山市东秀小学、深圳市蛇口教育集团育才第二小学等学校的共计 1600 多名学生，开设了"小故事 大精神"井冈山革命传统教育网络拓展课程，创建了跨越学校围墙的特色德育教育资源，激发了中小学生学习历史的兴趣。③

---

① 本书作者对宁波市原江东区中小学教育管理人员的访谈资料。
② 本书作者对宁波市原江东区中小学教育管理人员的访谈资料。
③ 中央电化教育馆. 公平 质量 创新 发展——中小学信息技术教学应用优秀案例集[C]. 北京：中央电化教育馆，2015：98-106.

（三）由高校专业人员及专业机构共同设计和开发的中小学异步在线课程

自 2013 年起，"视像中国"远程教育实践共同体与北京师范大学和河南大学等高校及上海东方飞行培训有限公司、上海航天技术研究院等机构合作，依托"视像中国"远程教育发展中心提供的在线课程平台，探索面向中小学生的在线课程开发和实施，至今已开发了三个系列共 15 门课程。①信息素养系列，包括"数字化学习""触摸信息技术前沿"；②生涯规划系列，包括"探索自我""探索外部世界""生涯规划与管理""探索职业：航空篇""探索职业：航天篇""我型我秀"；③民族理解系列，包括"佤族""白族""哈尼族""苗族""蒙古族""东乡族""咖啡云南"。

上海市七宝中学原校长仇忠海先生谈道：

> 在"视像中国"项目多年的发展积累中，已经具备了应用和实施网络课程的基础与条件，网络课程的开发与实施可以极大地促进"视像中国"项目一直致力于开展的跨区域校际协作，网络课程的学习方式令孩子们早早开启了思维的大门，可以更多元、更开放地思考问题。[①]

（四）多种形式的学生线下学习、交流活动

在开展线上学生活动和线上课程学习的同时，"视像中国"远程教育实践共同体还为学生提供了多种形式的线下交流活动，例如，早期的香港学校和内地学校的"网上结对"及"姊妹学校"交流互访活动。上海及宁波的校长们回忆[②]：

> 2004 年 12 月，香港中文大学黄宝财教授带领包括香港的几十位校长、教师的访问团到上海交流，举行了结对学校签约仪式……
>
> 我们（宁波市原江东区）有很多学校，也是通过这个平台跟香港的学校结对，结成"姊妹学校"。"姊妹学校"的学生可以先通过多种网上交流活动相互了解、促进情感的交流，线上交流达到一定程度后

---

① 陈圣日，许波. 跨越学校围墙的教育："视像中国"远程教育项目十年追梦[M]. 北京：北京师范大学出版社，2016：前言.

② 楷体字部分的引文，如无特别说明，均来自笔者的访谈资料。

再开展面对面的线下交流，我们这边的师生可以过去，他们那边的师生也可以过来。

香港某学校校长也谈道：

"视像中国"项目学校的师生在双方面对面线下交流之前已经通过网络开展了一些联系和交流，彼此之间已经相互认识了，所以真正见面后，彼此之间的关系会亲密很多，交流会比较深入。很多学校的老师和学生之间建立起了长久的友谊，所以这种活动对学生和老师来说都是蛮好的。

另外，自2010年以来一直持续开展的香港暑期夏令营（研学旅行）和文化交流活动也是"视像中国"远程教育实践共同体重要的线下交流活动，其目的是利用暑假时间让各地学生齐聚项目发源地——香港，进行面对面的文化交流活动。香港学生和内地学生会分组进行课程体验、文化学习交流、社会考察等多种形式的活动，让内地学生深入香港学校、社区等场所，进行深度了解与体验。

自2015年开始，在上海东方飞行培训有限公司、上海航天技术研究院等机构的支持下，"视像中国"远程教育实践共同体还结合"探索职业：航空""探索职业：航天"等在线课程的学习，为学生提供了航空航天冬令营及实践基地的多种参观、交流和实践活动。

（五）远程教育年会和教师线下专题培训

在"视像中国"项目得到了一定发展、汇集了一定核心成员的基础上，为了推动实践共同体成员的深入交流和项目的持续发展，共同体又发起了一年一度的年会（"远程教育论坛"），为各地项目学校的合作交流搭建了一个新的平台。2008年，第一届"视像中国"远程教育年会在香港举行，之后每年的年会由各项目区域轮流承办，包括论文评选、专家报告、区域交流、工作研讨等内容。在年会期间，形成了固定的各地项目联络员代表碰头会的惯例。至此，项目的发展开始转向民间，形成了自主自发的参与形态和合作议事的工作机制。

2015—2018年，为了满足共同体教师对微课及在线课程开发的学习需求，为了使实践共同体的更多本地指导教师深入了解中小学在线学习及在线课程这种新型的课程和学习方式,实践共同体高校研究团队为教师提供了以微课设计、开发及中小学在线课程开发与校本混合学习实施为主题的线下面对面培训,受到了学校和教师的欢迎,也为提升教师的信息技术应用能力做出了贡献。

三、"视像中国"远程教育实践共同体的组织机制

"视像中国"远程教育实践共同体的发展经历了从高校和中小学合作的、由政府(香港教育局)资金支持的科学研究项目,向以香港远程教育学会和上海市七宝中学牵头的"视像中国"远程教育发展中心为主的实践共同体组织机制的转变。在其发展和成长的过程中,同样离不开区域教育管理部门(如上海市教育委员会、上海市闵行区教育局、宁波市原江东区教育局、广东省佛山市南海区教育局、江西省井冈山市教育体育局及唐山市开平区教育局等)及社会机构(上海东方飞行培训有限公司、上海航天技术研究院、井冈山革命博物馆等)和高校(北京师范大学和河南大学等)的积极参与和大力支持。经过不断的探索和完善,2012年之后(即发展的第三阶段),逐步形成了较为成熟、稳定的具有教育信息化特色的实践共同体组织机制(图3-3)。

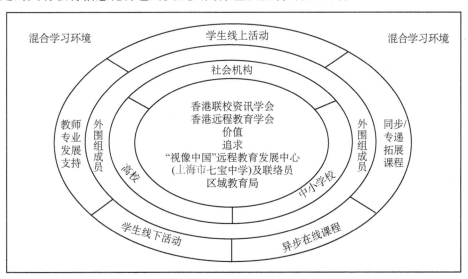

图3-3 "视像中国"远程教育实践共同体组织机制模型

"视像中国"项目创始人黄宝财教授说：

> "视像中国"是一个平台，为参加的学校提供了一个交流和合作的开放平台，给教师提供了一个成长和发展的平台，给学生提供了一个拓宽视野的平台。"视像中国"还发挥着"网络"的作用，它不只是信息技术网络，更是"人的网络"，是校长和老师认识新朋友、结识新同行的网络，可以为参加活动的校长、老师和学生提供一种全新的、不一样的经验。①

赵建华等对"视像中国"项目在广东省佛山市南海区中小学的应用情况做了调研，认为该项目"通过建立多元学校网络共同体，实现了资源共享"②。

（一）"视像中国"远程教育实践共同体的价值追求

"视像中国"远程教育发展中心召集人、上海市七宝中学校长助理兼现代教育技术中心主任陈圣日老师谈道：

> "视像中国"远程教育项目尊重每一所学校、每一位教育工作者，也关注参与项目活动和课程学习的每一位学生。我们努力在项目发展的过程中促成跨区域的教师交流，目的在于营造教师观念转变与更新的氛围；我们也努力在项目实施过程中促成不同地域之间学生的跨文化交流，为孩子们开启另一片广阔的天空。③

经过长期的凝练，"视像中国"远程教育实践共同体达成了如下的核心理念和价值追求：①跨越校园围墙的教育。在跨文化、跨区域的平台上，各地学校的师生在多种形式的网络交流和学习活动中，超越了既有的校园时空和物理空间的限制，大大激发了学生的学习热情和教师的教学研究热情，促进了师生和学校的发展。②促进教育均衡。在实践共同体发展过程中，牵头单位及核心组专家重视让各地区不同学校之间充分分享和交流各种优质教育资源，并且强

---

① 陈圣日，许波. 跨越学校围墙的教育："视像中国"远程教育项目十年追梦[M]. 北京：北京师范大学出版社，2016：前言.

② 赵建华，徐旭辉，彭红光等. 以信息化促进城乡学校协同发展的案例研究[J]. 电化教育研究，2010（11）：10-18.

③ 陈圣日，许波. 跨越学校围墙的教育："视像中国"远程教育项目十年追梦[M]. 北京：北京师范大学出版社，2016：4-5.

调学校与学校之间"资源对等"的理念，促进各区域、学校之间取长补短、深度交流，以独特的视角探索教育均衡化的实践途径。③资源的共建与共享。实践共同体发展中多样化、不同形式的活动使学校教育资源打破围墙而不断扩大，并尽可能地使这些资源广泛地在共同体区域和学校之间分享。④多元文化包容、共存。实践共同体的影响和发展已经扩展到新加坡、马来西亚等，促进了不同文化背景师生的理解、包容与共存。

（二）实践共同体核心成员的引领与联络员例会制度

在整个"视像中国"远程教育实践共同体的组织和发展过程中，香港联校资讯科技学会、香港远程教育学会、"视像中国"远程教育发展中心和"视像中国"项目联络处共同扮演了实践共同体发展的引领者和决策者角色。正如香港联校资讯科技学会会长梁锦松先生所言：

> （"视像中国"远程教育项目）需要有一个"牵头人"把大家组织起来。"牵头人"需要花时间、精力，愿意用心来做这件事。

香港远程教育学会和"视像中国"远程教育发展中心就扮演了这个"牵头人"的关键角色。

上海市七宝中学原校长仇忠海先生指出：

> "视像中国"远程教育实践共同体的引领者是一群具有公益情怀、具有追求卓越教育品质的实践者……"视像中国"远程教育实践共同体是一个创新、务实、坚持、有效的平台，是推动中国教育信息化实践进程深化发展的平台，是基础教育领域中国开放教育实践的引领者和推动者。[①]

在"视像中国"远程教育发展中心的引领和协调下，参与实践共同体的区域或学校会指定一名或多名负责项目协调的联络员，形成了固定的联络员例会制度。区域和学校的联络员会在"视像中国"远程教育发展中心的组织和指导下，通过远程视频会议的形式定期讨论各项工作和活动，联络员例会制度保障

---

① 梁林梅，许波，陈圣日等. 以网络校际协作促进区域教育均衡发展的案例研究——以宁波市江东区为例[J]. 远程教育杂志，2015（3）：103-112.

了各地区项目推进工作的信息沟通与组织协调。

（三）区域教育管理部门的支持和推动作用

虽然"视像中国"远程教育实践共同体具有以教育实践者为主体的自下而上的自觉行为和民间性质的自组织形态，但其成长和持续性发展过程中一直离不开所在地区教育管理部门的支持。例如，"视像中国"远程教育项目在内地的发展，首先得到了上海市教育委员会和闵行区教育局的大力支持。闵行区教育局更是为"视像中国"项目的发展提供了持续的经费支持、人员支持，并提出了宝贵的发展建议。陈圣日老师谈道：

> 2008年，香港的"视像中国"项目结项，没有了政府优质教育基金的资助之后，开始尝试以实践共同体的纯公益形态运行。上海市七宝中学利用了自身已有的优秀的网络资源及作为上海市实验性示范高中的发展定位，向闵行区、上海市两级教育主管单位争取，得到了各级领导的大力支持。在"视像中国"实践共同体的组织结构和机制定位方面，闵行区教育管理部门相关领导看到了该项目良好的发展前景以及跨区域交流共享的优势，提出要保持其共同体的民间属性和公益定位，政府支持但不干预，要协助共同体继续稳定地发展下去。[①]

在2012年全国教育信息技术应用展演及2013年上海国际教育博览会上，上海市教育委员会积极推荐上海市七宝中学牵头的"视像中国"远程教育实践共同体代表上海市优秀成果参展。除此之外，在项目发展的第一阶段，宁波市原江东区教育局成立的"视像中国"项目联络处和深圳市南山区教育局成立的"视像中国"项目协作体及佛山市南海区教育局成立的"视像中国"项目联络处等机制，都为项目的持续性发展提供了坚实的区域保障。

在反思和总结"视像中国"远程教育实践共同体的成功经验时，香港联校资讯科技学会会长梁锦松说：

> 如果区域教育局有专门的部门来发展远程教学，有专门的人来协

---

① 陈圣日，许波. 跨越学校围墙的教育："视像中国"远程教育项目十年追梦[M]. 北京：北京师范大学出版社，2016：前言.

调这件事情，就比较好了。

宁波市原江东区教育管理人员也指出了教育管理部门参与和支持实践共同体的重要作用：

> 如果只是民间的活动，就没有约束力。如果没有约束力，就很容易出现大家感兴趣的时候、愿意做的时候做一下，不感兴趣的时候可能就无法坚持了。[①]

（四）中小学校的积极参与

中小学校是教育信息化实施的主体，也是激发和调动教师积极参与信息化教学的关键角色。"视像中国"项目发起人黄宝财教授谈道：

> 这些年，香港那些积极参加"视像中国"项目的校长、老师都是自费的，我们从来没有在机票、住宿费等方面为他们提供过补贴。他们都非常有这个"心"，一来多多认识中国内地，也让自己的孩子更深入地认识自己的国家，我非常佩服他们。我们愿意借助"视像中国"实践共同体这个平台，为中国的下一代做一些事情。

香港某学校的校长也强调：

> 要想做好这个项目，老师必须是真心愿意做。老师愿意做，就会很投入。在香港的学校，校长不会因为一个老师做这个项目就另外给他（她）经费，老师们完全是自愿的。

宁波市原江东区教育管理人员也指出：

> "视像中国"在我们江东区能够得到持续发展，第一个重要原因就是 M 校长早期投入了很大的热情和精力，在他的影响和带动下，其他几个校长都对这个项目非常感兴趣，也很投入。[②]

---

① 梁林梅，许波，陈圣日等. 以网络校际协作促进区域教育均衡发展的案例研究——以宁波市江东区为例[J]. 远程教育杂志，2015（3）：103-112.

② 梁林梅，许波，陈圣日等. 以网络校际协作促进区域教育均衡发展的案例研究——以宁波市江东区为例[J]. 远程教育杂志，2015（3）：103-112.

（五）高校研究者及社会机构的支持

作为一个持续时间长、跨区域、成员复杂、活动形式多样且不断处于发展中的教育信息化应用实践共同体项目，"视像中国"无论是在设计和启动之初，还是 2008 年之后在中国内地的发展，都得到了高校研究团队和专业人员的持续支持与指导。尤其是自 2012 年起，北京师范大学及河南大学等高校研究者团队作为实践共同体的核心成员，作为"视像中国"远程教育实践共同体的积极参与者、支持者和推动者，承担了共同体的组织设计、在线课程开发运营、教师专业发展支持等重要工作，对于实践共同体的持续发展起到了至关重要的作用。

在"视像中国"远程教育实践共同体的成长和发展过程中，社会机构及教育信息化企业的支持也不可或缺。无论是项目早期的视频会议系统，还是"视像中国"远程教育发展中心为项目学校提供的新型视频会议系统、在线课程平台、香港暑期研学旅行移动学习平台等，都为实践共同体各项活动和项目的成功实施提供了信息技术及专业性的支持和保障。在生涯规划类中小学在线课程的设计、开发和混合学习实施过程中，"视像中国"远程教育实践共同体得到了上海东方飞行培训有限公司、上海航天技术研究院等机构的大力支持。

（六）共同体外围组成员的不定期、多样化参与

在"视像中国"项目发展的不同阶段，除了实践共同体核心组成员的持续参与和大力推动之外，实践共同体开展的网络实时辩论赛、网络跨文化交流及读书活动、网络课程学习、香港暑期夏令营等活动都在不同时期吸纳了大量外围组成员，例如，来自重庆市北碚区、湖北省武汉市、江苏省南京市、浙江省温州市、河南省郑州市等地区学校和教师的多样化参与。这些外围组成员具有很大的流动性，一些学校和教师在参与一些活动后离开了共同体，也有一些学校和教师通过持续的主动参与进入了共同体的积极组或核心组。

（七）教师专业发展支持

在不同时期，共同体都为教师的交流和专业成长提供了多样化的支持，例如，不定期的网上专题讲座、校长论坛等线上活动，一年一度的远程教育年会

及教师线下专题培训等，其还借助高校专业人员的引领提高了远程教育、在线与混合学习的实施质量。

在借助线下培训和年会的时机对实践共同体教师和校长进行的多次深度访谈中，许多校长和教师也表达了对于"视像中国"一系列教师专业发展活动的肯定和认可。来自江西省井冈山龙市小学的谢校长谈道：

> （作为校长）我是很想干事的，但又不知道如何才能够让学校获得发展……通过参加远程教育年会及与发达地区的校长交流，改变了我的很多观念，学习他们先进的管理经验和做法，开阔了办学的视野，感觉有许多事情都可以做……"视像中国"项目对我的触动非常大，让我们跳出了农村学校办学思维的圈子，也让我更加坚定了参与"视像中国"项目的决心。

井冈山龙市小学的教师谈道：

> 这样（跨地区远程交流）的方式让各地不同学校的老师成了志同道合的同伴，在不同的地方做着相同的事情，从此不再是形单影只。

> 平时老师们在学校之间的交流、区域之间的交流并不多，基本上是在开会时才有一些交流。借助"视像中国"项目这个平台，教师的视野更加开阔了，能够学习其他学校先进的教学理念……通过参加"视像中国"远程教育实践共同体的活动，我们农村学校能够走出去，学到了更多。

> 我们经常组织网上教研和网上交流，教师和学生几乎经历了同样的变化——由紧张到自信，由不知道说什么到变得很能说、很会说。虽然我们学校在区里是一所小学校，但我们老师在市里、区里得了很多奖。这些成绩的获得，一部分得益于在参加"视像中国"远程教育实践共同体学习和活动过程中得到的锻炼。

> （这些活动）让我们的教师实实在在地看清了什么是现代化的教育……开始对教学充满热情和期待。①

---

① 梁林梅，陈圣日，许波. 以城乡同步互动课堂促进山区农村学校资源共享的个案研究——以"视像中国"项目为例[J]. 电化教育研究，2017（3）：35-40.

本研究团队对参与共同体学校的教师的问卷调查也表明，参与"视像中国"远程教育实践共同体的各项活动给教师带来了很大的收获，具体体现在如下几个方面：开阔了视野（87%）、有机会和更多的校外同行交流（78%）、提高了信息素养（60%）、增强了多元文化意识（60%）及提高了网络交流与合作能力（51%）等。

第二节　"视像中国"中小学在线课程设计与开发的基本流程

一、"视像中国"中小学在线课程简介

2012年，"视像中国"远程教育实践共同体发展进入较为成熟、稳定的阶段，共同体主动邀请高校研究者加入核心团队，从学术研究、专业服务和共同体发展决策等方面提供专业支持。

在实践共同体进入第三个发展阶段之后，共同体的核心团队开始考虑新的活动内容、活动方式及更广泛的应用和辐射面问题。受到当时全球MOOC运动的影响，以及为了满足教育发达地区新课程改革及对中学生信息素养、生涯规划教育等的多方面需求，在对实践共同体核心成员校教育管理人员及教师进行深入调研的基础上，"视像中国"远程教育实践共同体决定与高校专业人员合作开发面向中学生信息素养和生涯规划的系列在线课程。2013年春季学期，由北京师范大学教育学部团队开发的"触摸信息技术前沿"和河南大学教育科学学院团队开发的"数字化学习"在线课程在Moodle平台上线。该平台由"视像中国"远程教育发展中心负责运营。这两门在线课程于2013年春季和秋季学期在Moodle平台运营两轮之后，由高校开发的面向中学生的生涯规划类在线课程"探索职业：航空"（与上海东方飞行培训有限公司合作）、"探索自我"、"探索外部世界"于2014年秋季学期在新的基于开源汉化版edX的"视像中国"在线课程平台上线。之后，又陆续开发、上线了生涯规划类在线课程"生涯规划与管理"、"探索职业：航天"（与上海航天技术研究院合作）、"我型我秀"等。

随着实践共同体在线课程的实施和运营，越来越多的学校加入在线课程的

学习之中，除了中学之外，越来越多的小学提出了学习在线课程的需求和期望。在实践共同体核心团队进行多次调研和讨论之后，决定面向小学生群体开发新的"民族理解类"在线课程，并自 2017 年春季学期开始，陆续上线"民族理解：佤族""民族理解：白族""民族理解：哈尼族""民族理解：苗族""民族理解：蒙古族""民族理解：东乡族""咖啡云南"等在线课程。

2014 年秋季至 2020 年春季学期，"视像中国"中小学在线课程共上线运营 12 期，宁波市鄞州区教育局、佛山市南海区教育局、唐山市开平区教育局，以及上海市闵行区教育学院附属友爱实验中学、上海市闵行第三中学、上海市闵行区华漕学校、河南大学附属中学、郑州市二七区运河城实验小学、重庆市垫江县永平小学校及云南省保山第一中学等组织学生参加了河南大学研究团队提供的课程学习（表 3-2），共有 4502 名中小学生获得了河南大学研究团队提供的"视像中国"在线课程的荣誉证书。

表 3-2 河南大学研究团队提供的"视像中国"中小学在线课程运营情况（2014—2020 年）

期数	开课时间	报名人数/人	实际学习人数/人	取得证书人数/人	优秀证书占比/%	课程完成率/%	备注
第 1 期	2014 年秋季	298	68	24	0	35	4 个地区，8 所学校
第 2 期	2015 年春季	174	28	8	2.80	29	3 个地区，6 所学校
第 3 期	2015 年秋季	375	253	195	22.00	77	4 个地区，10 所学校
第 4 期	2016 年春季	424	398	299	63.00	75	3 个地区，7 所学校
第 5 期	2016 年秋季	597	529	448	50.00	85	5 个地区，12 所学校
第 6 期	2017 年春季	1085	638	494	51.00	77	7 个地区，14 所学校
第 7 期	2017 年秋季	1077	787	590	34.00	75	6 个地区，22 所学校
第 8 期	2018 年春季	1065	984	874	48.68	89	6 个地区，21 所学校
第 9 期	2018 年秋季	704	594	556	53.54	94	6 个地区，13 所学校
第 10 期	2019 年春季	762	407	307	53.41	75	6 个地区，14 所学校
第 11 期	2019 年秋季	763	503	460	47.71	91	7 个地区，15 所学校
第 12 期	2020 年春季	416	296	247	8.10	83	4 个地区，5 所学校
总计		7740	5485	4502			

二、面向混合学习的中小学在线课程质量标准

K-12 在线学习国际联盟基于美国密歇根州虚拟学校的已有实践经验，提出了面向混合学习的中小学在线课程质量标准。该标准聚焦于课程和机构层面

的混合学习实施,分为课程内容、教学设计、学生评价、技术及课程评估和师生支持 5 个维度,每一个维度又包含不同的二级指标要求(表 3-3)。[①]

表 3-3　面向混合学习的中小学在线课程质量标准(K-12 在线学习国际联盟)

	一级指标	二级指标
1	课程内容	1)课程目标清晰可见、表达明确,易于学生理解,且可测量
		2)课程内容科学,符合相关标准和学术要求
		3)体现信息素养和信息技能
		4)确保学生为在线学习做好了充分的准备,包括学习资源、学习策略、前期基础等
		5)清晰、完整的课程结构和课程大纲
		6)对学生提出明确的课程学习要求
		7)为学生及家长提供与课程团队及本地教师沟通的有效方式和途径
		8)向学生明确在线学习的学术诚信、数字化知识版权、网络道德规范及数据、信息隐私问题
2	教学设计	1)课程设计符合学生需求和目标
		2)课程内容的组织具有一定的逻辑结构和顺序
		3)设计了多样化、吸引学生主动参与的线上线下学习活动,包括协作学习、游戏、讨论、概念图、案例分析等
		4)根据需求为学生的学习提供了多种可选择的学习路径和学习策略
		5)通过作业、评价、学习活动等培养学生的高阶思维和解决复杂问题的能力
		6)提供充分的、多样化的师生、生生互动
		7)对学生学习过程、学习参与及学习掌握情况进行评估和及时反馈
		8)为学生提供多样化的学习工具和学习资源
3	学生评价	1)评价内容及策略与课程目标相一致
		2)能够全面了解学生的学习和掌握情况
		3)能够对学生的学习和掌握情况做持续的、多样化的评估,并且能够提供及时的反馈
		4)提前将评估的内容和方式告知学生,并确保学生能够理解
4	技术	1)课程的技术架构(在线教学平台)方便教师和学生操作,符合在线学习的特点,遵循在线教与学的规律
		2)用户界面友好,平台及课程的导航清晰、一致
		3)充分发挥网络的优势,提供多种形式的富媒体资源,满足学生的多媒体学习需求
		4)所有的技术应用应遵循在线教学平台及在线课程的通用标准

① iNACOL. 2011-10. National standards for quality online courses:Version 2[EB/OL]. http://files.eric.ed.gov/fulltext/ED537339.pdf[2021-09-19].

续表

	一级指标	二级指标
4	技术	5）明确学校及师生完成在线课程需要具备的先行技术基础及技能、环境准备要求
		6）明确与技术相关的版权问题
		7）确保所有学生都能够平等获得课程学习所需的资源、工具与环境
		8）关注学生个人信息与数据的隐私问题
5	课程评估和师生支持	1）采用多种方式评估课程的实施效果
		2）课程的持续改进和迭代优化问题
		3）课程内容的持续更新问题，建议每三年一个周期完成课程内容的更新
		4）教师、学生及学校管理人员等的技术支持问题
		5）教师专业发展支持1：教师的信息素养、技能等的准备，教师的在线教学理论、方法、设计支持
		6）教师专业发展支持2：教师从事在线教学的社会、文化、政策、情感态度、学习环境等支持
		7）教师专业发展支持3：激励学生主动参与的方法、技术、策略等方面的支持
		8）学生在线学习指导的支持

三、"视像中国"中小学在线课程设计与开发流程

（一）网络课程的核心要素

网络课程的核心要素包括教学设计、教学资源、学习活动、学习支持、学习评价与反馈、技术手段几个方面。[①]

1. 教学设计

教学设计是网络课程的核心，是指对课程的学习目标、学习过程及评价的合理设计，这是决定网络课程质量的关键，是网络课程区别于一般网络软件的特殊维度。它的任务在于根据学习者的特点和需求、学习内容的实际情况，依据教与学的理论，发挥信息技术的优势，恰如其分、适当地应用各种技术为网络教学服务。

2. 教学资源

教学资源是物化了的教学内容，是学习者学习的主要对象。狭义的教学资

---

① 黄荣怀，陈庚，张进宝. 网络课程开发指南[M]. 北京：高等教育出版社，2010：8-10.

源是指固化了的网络学习内容、纸质教材以及教学参考书等。广义地看，教师补充的网络学习内容、网上师生互动的内容、辅导答疑的内容，乃至可在网上获取的学习内容都是教学资源。丰富、生动活泼、形式多样、媒体表现形式恰当的资源，不仅能够保证学习者学到知识，还能够激发学习者的学习动机和热情。

3. 学习活动

一个完整意义上的学习活动主要包括以下组成部分：学习目标、学习任务、完成各个任务的操作步骤、学习资源、学习工具和支持服务、学习评价等。网上的学习活动多种多样，包括课程导学活动、自主学习活动、协作学习活动、课程辅导活动、学习评价活动等。借助于各式各样的网络学习活动，可以激发学习者的学习自主性和积极性，从而提高网络学习的效果和效率。

4. 学习支持

网络课程的学习支持一般包括学习过程跟踪和记录、学习反馈、课后答疑、学习辅助工具（记笔记工具、画图工具、查询工具、信息提示工具、科学计算工具）等。对于网络学习者来说，学习支持可以坚定学习者的学习信心，帮助其克服学习困难，促使其顺利完成课程的学习任务。

5. 学习评价与反馈

评价是教学中不可或缺的重要环节。网络课程的学习评价是指以学习目标为依据，运用一切有效的技术手段，对学习活动的过程和结果进行测定、衡量，并给予价值判断的过程。与其他课程的评价类似，网络课程的评价可分为形成性评价和总结性评价两种类型，形成性评价对于网络课程学习起着非常重要的作用。网络课程中常用的评价方法有网上测试、平时作业、学习档案袋评价等。

6. 技术手段

网络课程的实施是通过信息技术手段来实现的，技术的发展水平在一定程度上影响了在线课程的实施和应用模式。我国的网络教学和网络平台建设已从简单地在网上发布和共享信息为主，发展到基于网络的协作和探究，这些都需要先进的信息技术作为支持。近年来，互联网的双向视频、虚拟实验、社会网络服务（social networking service，SNS）等多种信息技术手段被越来越广泛地应用到网络学习之中，这些新技术的不断应用必将使网络课程的学习越来越便捷、高效和人性化。

（二）网络课程开发的基本流程

网络课程开发是在一定的资源（包括人员、教学资源、时间、投入等）的约束下，为创作独特的网络教育产品和服务而进行的一系列活动，具有鲜明的项目特征，符合一般软件开发的基本流程，但又具有其特殊性。网络课程的开发主要包括以下几个阶段。

1. 规划阶段

项目负责人、课程负责人和主讲教师对学习内容、学习策略、评价方式等进行整体策划，形成概要设计文档，包括课程要点和课程总体设计文档。同时，组建课程开发团队，预算开发成本，对课程进度进行规划。

2. 设计阶段

教学设计人员与课程主讲教师、媒体制作人员、技术开发人员一起对课程内容进行详细设计。这一阶段主要是选择媒体策略、设计学习活动、定义学习成果和评价方式、形成学习活动设计脚本和制作脚本。在设计过程中，常常会采用基于"活动"的设计思想和以学习者为中心的设计思想。

3. 开发阶段

这一阶段的主要工作包括选择合适的技术路线、确定课程开发框架模板、开发素材、集成资源、整合网络课程等，同时还需要为学员编写学习指导资料，用以指导学习者进行网络课程的学习。

4. 测试阶段

主要技术开发人员完成对网络课程的功能测试和性能测试，主讲教师对网络课程和教学设计进行审核，最终形成相应的测试文档。

5. 发布阶段

最后阶段是完成网络课程的部署和发布工作，使学习者能够开始网络课程的学习。[1]

---

[1] 黄荣怀，陈庚，张进宝. 网络课程开发指南［M］. 北京：高等教育出版社，2010：11-12.

（三）中小学在线课程设计与开发的一般流程

本研究团队在网络课程设计与开发基本流程的基础上，借鉴 K-12 在线学习国际联盟提出的面向混合学习的中小学在线课程质量标准框架，吸收了近年来开发 MOOC 的已有经验，同时考虑到中小学生学习的特点、中小学在线课程混合学习实施的具体情境等因素，形成了中小学在线课程设计与开发的一般流程（图 3-4）。

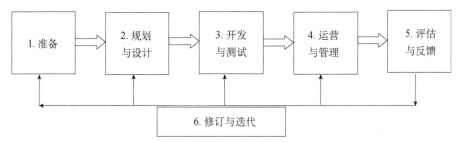

图 3-4　中小学在线课程设计与开发的一般流程

如图 3-4 所示，中小学在线课程的设计与开发包括准备、规划与设计、开发与测试、运营与管理、评估与反馈和修订与迭代 6 个阶段，各个阶段的主要任务如下。

1. 准备阶段

1）学习和了解在线学习的特性、规律及在线教学的理论与策略。

2）学习和掌握在线教学设计的理论与方法。

3）熟悉使用的在线教学平台、在线学习工具及在线课程实施、应用的学习环境。

4）具有一定的信息技术应用能力。

5）了解数字化知识产权的相关知识。

2. 规划与设计阶段

1）组建课程开发团队，明确团队人员分工。

2）制定课程开发进度表，确保课程开发所需的资源保障及在规定的时间内完成课程开发。

3）分析学习者特征及其学习需求，对教学内容、学习活动、学习策略、评价方式等进行整体规划和设计，形成网络课程的概要设计文档。

4）编制课程的教学大纲，包括课程简介、学习目标、教学内容（建议按模块组织教学内容）、开设时间（包括课程的开始时间和截止时间）、学习投入要求、学习方式、考核方式（建议采用形成性评价和总结性评价相结合的方式）、学习支持方式、学习参考资料等。

3. 开发与测试阶段

1）收集和整理教学（学习）资源、开发多媒体素材。

2）设计与开发微视频。

3）设计与开发其他多媒体、富文本等学习资料。

4）设计和开发测验试题、作业及考试试题。

5）设计和开发讨论区话题。

6）设计和开发线上、线下学习支持活动。

7）明确所有数字化资源的知识产权。

8）上线测试与课程宣传。

4. 运营与管理阶段

1）依托在线教学平台创建课程，按周组织教学，定期发布教学内容。

2）发布课程公告，开展课程宣传。

3）发布平时测验，告知学习者测验开始和结束的时间节点。

4）发布平时作业，告知学习者作业开始和结束的时间节点，开展作业评价。

5）发布讨论区话题，并引导学习者参与网上讨论。

6）开展多样化的线上、线下学习支持活动。

7）进行期末考试，告知学习者期末考试开始和结束的时间节点及具体要求。

8）课程成绩发布及证书申请等。

5. 评估与反馈阶段

1）收集和分析课程数据，了解学习者的学习情况和课程运营情况。

2）对课程的实施和运营情况进行总结与评估。

3）对学习工具、学习资源的应用情况进行评估。

4）对课程团队工作及学习支持情况进行总结与评估。

5）开展课程推广、交流。

6）依托课程实施开展教学研究。

6. 修订与迭代阶段

在线课程的设计和开发是一个根据不同阶段的过程性反馈及课程运行结束后的评估进行不断修订和完善的过程，包括课程内容及资源的更新、课程实施流程、课程运行团队及学习活动的优化等。只有经过多轮的迭代和优化，在线课程的质量和运行效果才能够得以不断提升。

四、"视像中国"中小学在线课程设计与开发案例

"探索职业：航空"是在"视像中国"远程教育发展中心的支持下，本研究团队和上海东方飞行培训有限公司合作，于2014年开发上线的第一门面向中学生的生涯规划类在线课程，课程依托的平台为"视像中国"在线课程平台。

（一）模块化的课程内容和结构设计

课程开发团队在对"视像中国"远程教育实践共同体学校开展在线课程学习的需求进行调研的基础上，结合中学生的认知基础和在线课程的学习特点，与上海东方飞行培训有限公司的培训专家合作，首先对在线课程的教学内容进行了系统分析和筛选。课程开发团队又根据中小学选修类课程的学习特点、学生学习投入等实际情况，首先完成了教学大纲的设计和开发，从航空乘客（尤其是青少年乘客）的视角，以模块化的结构组织课程内容，形成了层层递进的6个模块，如图3-5所示。学生在每个模块（每周一个模块）的学习投入为1～2个小时。

（二）模块结构设计及媒体资源形式

每一个模块中的具体内容都采用标准化的结构设计，分别由学习导语、微视频、航空小知识、拓展阅读、论坛和测验题组成，如图3-6所示。

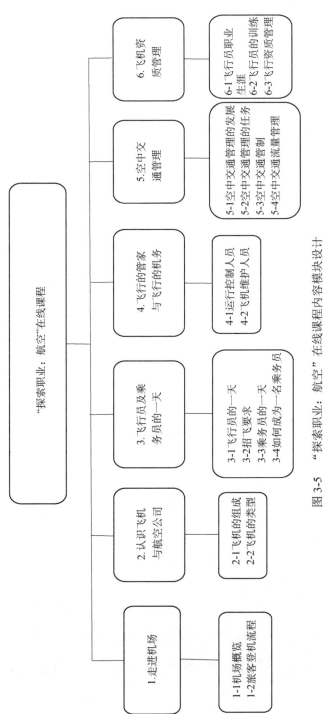

图 3-5 "探索职业:航空"在线课程内容模块设计

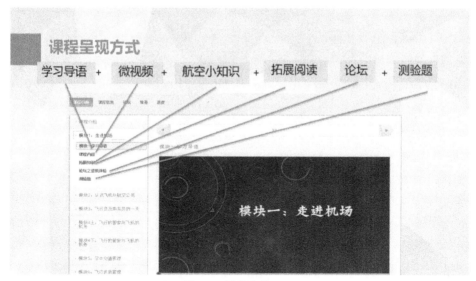

图 3-6　模块结构设计

1. 学习导语

学习导语定位于对本模块内容进行提纲挈领式的简要介绍，以使学习者在短时间内对所学内容和要求有一个整体性的了解，其主要以微视频（或思维导图）的形式呈现，长度一般在 1 分钟以内，如图 3-7 所示。

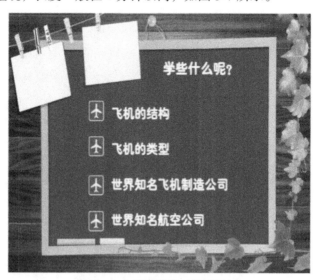

图 3-7　在线课程学习导语示例

2. 微视频

微视频由上海东方飞行培训有限公司和高校研究团队合作开发，每个模块的微视频负载量在 3～5 个，每个微视频的时间长度在 6～8 分钟。微视频的形式主要有演播室讲授、PPT 录屏、动画等，如图 3-8 所示。

图 3-8　在线课程微视频示例

3. 航空小知识和拓展阅读

除了以微视频形式提供的课程主体学习内容之外，课程开发团队还为学习者提供了趣味性强、内容新颖、与主题密切关联的系列航空小知识及相关的拓展阅读材料，有微视频形式的，也有富文本形式的。

4. 论坛和测验题

在每个模块的课程学习中，课程开发团队会根据不同内容设定不同的论坛讨论主题（表 3-4）和客观测验题，测验允许学生提交 2 次，以得分最高的一次计算成绩。根据中学生的实际情况，测验题的完成没有时间限定，在课程结束前，学生可以随时学习、随时完成测验。

表 3-4　"飞行员和乘务员的一天"论坛设计

本周学习总结
首先，恭喜同学们，你们完成了本周的所有学习任务！ 古人云："温故而知新，可以为师矣。"足以可见回顾和复习的重要性。在结束本模块学习之前，请同学们完成几个小任务。 1. 请同学们在课程"讨论区"的"本周学习总结"帖子下回复，完成对本周课程的回顾和总结。 请同学们用： 在这一个模块中： 我学了_____ 说一说在这个模块中，你学习到的印象最为深刻的内容，如果忘记了，可返回翻看。 我学到了_____ 说一说在这个模块中，你学到了什么内容，写写最打动你的内容。 我还想学_____ 说一说你还感兴趣的，在这个模块中没有涉及的内容。 请用自己的语言回答这些问题，不要复制和粘贴别人的总结，也不要复制和粘贴课程标题。 2. 请同学们完成"本模块任务核查表"，其旨在帮助同学们核查自己学习的内容，如果发现自己还有没有完成的模块，请返回完成。 3. 请同学们完成"本模块测试"，共 5 道单项选择题，旨在检测同学们学习的质量和掌握程度。 再次感谢同学们的学习！

（三）课程考核方式设计

课程采用了过程性和终结性相结合的多元化评价方式，课程总成绩由以下部分构成：平时成绩（网上小测验）（35%）+期末网上考试（50%）+课程学习总结与反思（10%）+论坛参与情况（5%）。总成绩达到 50 分，可获得荣誉证书，总分达到 90 分及以上的学生可获得优秀证书，如图 3-9 所示。

图 3-9　在线课程荣誉证书样例

（四）学生学习活动、学习支持设计

1. 网上实时讲座

为了使中小学生能够尽快适应在线学习的新方式，弥补在线异步学习的不足，增加课程的互动，提高学生的参与度，除了网络教学平台中的论坛讨论、答疑和借助于 QQ 群的在线实时支持之外，课程团队还借助于 WebOffice 视频会议系统及 CCtalk 视频会议系统等开展了多种形式的网上实时互动，邀请相关人员进行网络讲座和实时研讨活动。例如，在课程开始的第 1 周，由高校助教团队开展了"如何成为一名成功的网络学习者"的线上讲座（图 3-10），通过对课程内容、学习方法、学习活动等的介绍，让学生了解网络课程的特点及学习要求，使学生尽快适应在线课程的新型学习方式。有学生在课程学习反思中总结道：

> CCtalk 直播活动让不同地区的老师和学生能够进行实时的学习交流，拉近了学生与老师的距离，这种新型的学习方式使我的学习兴趣倍增，以后不管有多忙，我都会坚持不懈地进行在线课程的学习。[①]

图 3-10　高校研究团队借助于 CCtalk 视频会议系统开展在线讲座（2017 年春季学期）

[①]　引自学生的在线课程学习总结和反思。

课程团队还邀请了上海东方飞行培训有限公司的培训教员开展线上专业讲座，与学生进行线上答疑和互动；邀请了课程学习中涌现出的优秀中学生"航空迷"介绍自己的网络学习经历，并从学生的视角对课程学习进行总结。

2. 利用 QQ 群及微信公众号支持学习者的移动学习

随着移动终端的普及和移动学习的发展，课程团队还创建了课程交流的QQ 群及微信公众号"航空探索"，定时推送课程通知、航空小知识、航空英雄小故事等与课程学习密切相关的趣味性拓展内容，支持学习者随时随地进行移动学习。

3. 航空冬令营学习和体验活动

在上海东方飞行培训有限公司等的支持下，在课程学习结束后，"视像中国"远程教育发展中心组织学习优秀的学生到上海东方飞行培训有限公司参加中学生航空冬令营活动，让学生与航空专家、飞行教员、资深机长和飞行学员进行面对面交流，学生还有机会进入飞行模拟器体验真实的飞机驾驶。

通过这样的线下活动，学生不仅圆了自己的"航空梦"，更让他们体验到了飞行员的职业责任感。在课程总结中，有学生谈道：

> 参加航空冬令营活动带给我的不仅仅是航空飞行的体验，更是一场蜕变。对我而言，航空只是一个梦，飞行员是处于云端的职业，而这次冬令营却带我飞上了云端，去触摸天上的世界。我明白了无论是什么职业，无论在社会中所处地位如何，一个人总有属于他的责任，这不是兴趣，更不是爱好，而是需要挑在肩上的沉甸甸的东西。

> 冬令营活动使我更加了解了飞行员的职业。以前我觉得飞行员的工作很轻松，可以在世界各国飞来飞去，后来才知道每次安全飞行的背后其实都凝聚着很多人的汗水。以后遇到航班延误，我不会再抱怨了，也会对乘务人员的工作表示理解。

> 在学校里已经学习了生涯规划课程，但只是简单地体验，没有专业的设备、人员以及一系列的职业元素。冬令营活动是第一次也是最正规的一次职业体验，让我对未来的职业道路规划又多了一些思考。

（五）对学生的学习要求

1）能够有地方上网自主学习或集体学习。

2）具有一定的自主学习能力和时间管理能力，并且能够持之以恒，确保每周投入的学习时间在 1～2 个小时。

3）能够按照规定的时间在网络平台上提交作业（测试），完成课程学习总结和反思。

4）遵守网络道德和行为规范，确保个人隐私不被泄露。①

---

① 梁林梅，辛雪园，孙锐等. 中学生网络课程设计、开发与实施的实践探索——以《探索职业：航空》为例[J]. 中国电化教育，2015（12）：26-34.

第四章　"视像中国"中小学在线课程混合学习实施的模式与框架

第一节　国际 K-12 混合学习实施模式介绍

正如本书在第二章第三节介绍的，美国研究者斯特克、克里斯坦森及霍恩等将 K-12 领域混合学习的实施分为四大类——转换模式、弹性模式、菜单模式和增强型虚拟模式（图 2-6）①，这一分类模式在国际 K-12 混合学习研究和实践领域得到了广泛认同，成为国外 K-12 混合学习实施的重要指导框架。例如，在下文介绍的 K-12 在线学习国际联盟与纽约市教育局合作实施的 iLearnNYC 实验学校混合学习项目及美国卓越教育基金会（Foundation for Excellence in Education）资助的《K-12 混合学习实施指南》（*Blended Learning Implementation Guide*）中，都借鉴了上述混合学习实施的分类模式。同时，其在近年来国内研究者对国外 K-12 在线教育及混合学习进行介绍和分析的相关文献中被多次提及。②

---

① Staker H. 2012-05. Classifying K-12 blended learning[EB/OL]. http://www.christenseninstitute.org/wp-content/uploads/2013/04/Classifying-K-12-blended-learning.pdf[2021-09-19]；Christensen C M，Horn M B，Skater H. 2013-05-22. Is K-12 blended learning disruptive? An introduction of the theory of hybrids[EB/OL]. http://files.eric.ed.gov/fulltext/ED566878.pdf[2021-09-19]；〔美〕迈克尔·霍恩，〔美〕希瑟·斯特克. 混合式学习：用颠覆式创新推动教育革命[M]. 聂风华，徐铁英，译. 北京：机械工业出版社，2015：56-60.

② 石小岑. 美国 K-12 混合式学习模式变革的多元化路径[J]. 远程教育杂志，2016（1）：53-60；白雪梅，马红亮，张立国. 美国 K-12 混合学习的实践及启示[J]. 现代教育技术，2016（2）：52-58；胡永斌，龙陶陶. 美国基础教育信息化的现状和启示[J]. 中国电化教育，2017（3）：36-43；张宙. 美国 K12 混合式学习的探究和启示[J]. 外国中小学教育，2019（5）：74，75-80.

一、转换模式

转换模式是指学生在学校学习一门课程的过程中，根据教师的安排在不同的学习模块之间进行转换，而这些学习模块中至少有一种是在线学习。在这种模式下，除了家庭作业之外，学生的学习活动主要在实体校园进行。该模式适用于传统的课堂教学向混合学习变革，实施简单、易操作，因此被广泛采纳。

在实施的过程中，该模式又可以分为如下四种子模式。

1）就地转换。就地转换是指学生在一个教室或多个教室的多种学习模块之间转换。这种模式一般有两种实施方式：全班学生一起在多个学习模块之间转换；全班学生先分成小组，然后以小组形式在不同的学习模块之间转换。

2）机房转换。机房转换类似于就地转换，只是学生的部分学习内容要移至机房进行课程的在线学习，同时由传统教室提供多种其他学习活动。教师将机房和教室内进行的各种学习模块无缝衔接。

3）翻转课堂。学生在家提前通过观看教师推送的在线教学视频进行知识学习，来到学校之后参加教室中由教师组织的各种学习活动。

4）个体转换。学生根据个性化的学习方案在不同的学习模块之间进行转换。同样，其中至少有一种学习活动是在线学习。每个学生的时间表由系统数据导出或由教师制定。通常每天的课程结束后会有一个简短的测评，根据数据分析结果为学生寻找匹配的课程和资料，为学生第二天的学习制定个性化的时间表，满足学生个性化的学习需求。

二、弹性模式

弹性模式是指学生在学校学习一门课程的过程中，在线学习是主要的学习形式，本地教师会根据学生的需要提供不同程度的面对面指导，如小组教学、项目教学或一对一辅导等。该模式适用于校园内的在线学习。

三、菜单模式

菜单模式又称为自我导向模式，是指学生根据自身的需求选择在校或在家（或校外学习中心）参与一门或多门完全在线课程来弥补传统面对面课程的不足，同时要在学校或学习中心进行其他活动。现实中，大多数学校会通过这种模式为那些由于各种特殊原因不能按期完成学校规定学分的学生提供补救课程，或者为那些天赋异禀的学生提供提高类拓展课程。

四、增强型虚拟模式

该模式强调一个完整的学校教育经历。在这种模式下，学生将自己的时间分成两部分：一部分是参与学校传统的面对面教学；另一部分是参与远程的在线学习。在课程开始之前，教师会先组织 1～2 次面对面教学，之后学生通过远程方式参与全部课程的学习。在这期间，教师会根据情况或需求组织数次面对面教学。这种模式和转换模式不同，学生不用参与每天的传统课堂教学。与菜单模式也不同，它是一种完整的课程学习体验，而不是课程对接课程的模式。

研究者进一步指出，转换模式中的就地转换模式、机房转换模式及翻转课堂模式是在实体校园情境中实施的混合学习，以学校课程为基本实施单位，其本质仍然遵循学校传统教学的组织模式，因此在教学改革中属于延续性创新；个体转换模式、弹性模式、菜单模式及增强型虚拟模式是基于在线学习平台开展的，以在线课程为基本实施单位，形成了新的教学模式，因此在教学改革中属于颠覆性创新范畴。[①]

第二节　美国 K-12 学校及区域层面混合学习实施典型案例分析

一、iLearnNYC 实验学校混合学习项目

K-12 在线学习国际联盟在 2012—2013 学年与纽约市教育局合作，在 8 所实验学校实施了混合学习项目，并据此形成了指导学校层面实施混合学习的研究成果——《在学校层面实施混合学习的路线图：以 iLearnNYC 实验学校为

---

① 〔美〕迈克尔·霍恩，〔美〕希瑟·斯特克. 混合式学习：用颠覆式创新推动教育革命[M]. 聂风华，徐铁英，译. 北京：机械工业出版社，2015：71-76.

例》(*A Roadmap for Implementation of Blended Learning at the School Level： A Case Study of the iLearnNYC Lab Schools*)(以下简称《路线图》)①，成为学校层面混合学习实施的重要指导。

(一) 项目背景介绍

为了鼓励学校管理者和教师在教学中尝试和探索以学生为中心的新方法、新模式，纽约市教育局在 2009 年建立了推动新型学习模式探索的"创新实验区"(iZone)项目，以促进学生的个性化学习。其中，8 所 iLearnNYC 实验学校在 K-12 在线学习国际联盟专业人员的引领和支持下，通过引入在线与混合学习的新方式，寻求和探索推动学生个性化学习的新路径、新模式。

(二) "区域教育局-专业协会-中小学" 三方协同的项目实施组织架构与支持模型

为了推动项目的顺利实施，K-12 在线学习国际联盟专业人员首先设计了项目实施的组织架构与支持模型，如图 4-1 所示，确保每一所项目参与学校及参与的教师都能够得到充分的专业支持。

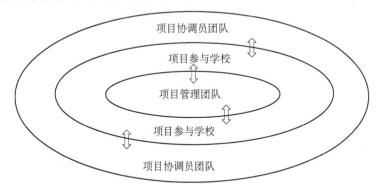

图 4-1　iLearnNYC 项目实施的组织架构与支持模型

项目管理团队由 iNACOL 专业人员、教育局管理人员和 8 所实验学校的管理人员构成，每一所实验学校指派 1 名拥有在线与混合学习经验的教师作为项目协调员，所有协调员组成项目实施的协调员团队。在这样的组织架构之下，

---

① iNACOL. 2013-10. A roadmap for implementation of blended learning at the school level： A case study of the iLearnNYC lab schools[EB/OL]. http://files.eric.ed.gov/fulltext/ED561320.pdf[2021-09-19].

每一所实验学校都能够得到项目实施的教育信息化硬件环境、在线学习平台、数字化学习资源、专业发展、专家指导及技术人员的支持。在项目管理团队和协调员的支持下,项目学校之间的交流、沟通及知识、资源共享能够顺利实现。另外,在一年的项目实践结束之后,项目管理团队还要求实验学校以核心成员的身份继续承担辅导和引领若干所新加入学校的职责,这样就能够扩大项目经验和成果的影响,使之惠及更多的学校。在上述组织框架的基础上,项目管理团队和协调员团队共同制订了详尽的以月为单位的一年期的项目实施计划。

(三) 混合学习的实施模式

在混合学习的实施模式方面,项目管理团队在认可霍恩、斯特克等对混合学习的概念界定的基础上,引入了在北美 K-12 混合学习领域影响广泛的混合学习实施模式。在具体的实施模式选择方面,8 所实验学校以转换模式和弹性模式为主,有 1 所实验学校尝试了菜单模式。在具体的实施路径方面,大多数学校都是先从转换模式入手,然后进入弹性模式。菜单模式与增强型虚拟模式的实施需要引发当前教育系统的深层次结构性变革,对于许多学校来说具有一定的难度和挑战。

(四) 混合学习成功实施的六大关键要素

iLearnNYC 项目总结了区域层面混合学习成功实施涉及的六大关键要素:①学区管理者及学校管理人员强有力且一致的领导力。领导力是确保混合学习项目成功的首要因素,强有力的领导力可以解决混合学习项目实施中的目标制定、资金与资源保障、质量与评估等重要问题。②教师专业发展。教师专业发展是确保混合学习项目目标实现的重要支撑,需要专门针对混合学习这一项目的知识与能力要求进行设计和开发。项目管理团队通过每个月的交流研讨和经验分享、线上社区交流等方式来促进教师的专业发展。③教师以学生为中心的教学能力和教学设计能力。混合学习是一种以学生为中心的教学方式,其目的在于促进学生的个性化学习和个性化发展,需要教师转变传统的教学和学习观念,转变自身的角色,掌握以学生为中心的教学策略和教学实施能力。④项目运行。教师实施混合教学和学生开展混合学习,需要在线教学平台(数字化学习系统）、在线课程及数字化学习资源、数字化学习工具等的支撑，学校管理人员、教师及家长等都需要了解学生的学习进程及关于学生学习的实时数据，这些都是项目运行要解决的问题。⑤内容（资源）。教师和学生所需的数字化内容（资源）也是混合学习必不可少的要素，数字化内容的来源、质量等也至关重要。这些内容（资源）可以直接购买，也可以自己开发或者共享互联网上的开放教育资源。⑥技术。混合学习作为一种技术支持的以学生为中心的学习方式，技术因素（硬件设施、网络、软件等）也非常重要，受所在区域及学校教育信息化发展水平的直接影响，支持混合学习有效实施的混合学习环境建设问题备受关注。

（五）混合学习实施质量自我审查评估量规

为了帮助实验学校随时对混合学习的实施进展和质量开展自我评估，项目管理团队研制了"混合学习实施质量自我审查评估量规"，包括领导力、新的教师角色、新的学生角色、个性化学习计划和进展、新一代课程与评估和灵活且真实的学习环境6个维度（表4-1）。

表 4-1 混合学习实施质量自我审查评估量规

类别	指标
1. 领导力	1.1 关于混合学习的可衡量的目标，已经以书面形式呈现出来，并与全体员工进行了沟通
	1.2 教师和管理人员之间以一种持续的方式进行正式和非正式的交流，及时了解项目的进展情况
	1.3 与混合学习相关的持续专业发展是显而易见的
	1.4 跨校合作——学校之间互相协作，以提高学生的学业成绩、促进技术的深度应用，达成混合学习的目标
2. 新的教师角色	2.1 在混合学习课堂中，教师是引导者、教练
	2.2 多种授课途径
	2.3 教师为学生建立多种沟通渠道
	2.4 教师为学生提供个性化的学习反馈
3. 新的学生角色	3.1 学生是学习的积极参与者
	3.2 学生有能力为自己的学习负责，并且知道在哪里可以找到他们需要的信息（信息素养）
	3.3 多种沟通方式（电子邮件、短信、演示文稿、在线论坛、电话等）

续表

类别	指标
4. 个性化学习计划和进展	4.1 学生个性化（学生和教师之间进行持续的协作，以确定他们的最佳学习模式）
	4.2 学生可以按照自己的节奏学习
5. 新一代课程与评估	5.1 利用网上学习环境（网上平台）
	5.2 使用的在线课程、内容（供应商或教师开发）
	5.3 有证据表明，可以通过数据系统跟踪学生的能力、精通程度
	5.4 有证据表明，可以借助学习分析工具提供的实时数据报告来指导教学改进
	5.5 跨校合作
6. 灵活且真实的学习环境	6.1 教室设计与空间利用
	6.2 课外访问在线课程
	6.3 几所学校之间共享在线教师

（六）"区域教育局-专业协会-中小学"三方协同的学校层面混合学习成功实施的经验总结

1）具有清晰且可测量的团队短期和长期目标，并且每年需要根据实际情况进行监测、审视和修订。

2）选择合适的、胜任的实验团队骨干教师。

3）为团队成员提供持续的、针对性的、系统的专业发展支持，可以是正式的，也可以是非正式的。iLearnNYC 项目建议学校采用线上线下混合等多种方式，以整合技术的学科教学知识（technological pedagogical content knowledge，TPACK）模型为基本内容框架，包括学科内容、教学法和技术三个方面。[①]

4）以持续的形成性评价来跟踪项目实施的进展情况。

5）确保必要的支撑混合学习顺利开展的信息技术基础环境和技术支持。

6）确保混合学习项目顺利实施必需的资金和人力资源支持。

二、《K-12 混合学习实施指南》

在美国卓越教育基金会的资助下，"数字化学习进行时"（Digital Learning

---

① 〔美〕全美教师教育学院协会创新与技术委员会. 整合技术的学科教学知识[M]. 任友群，詹艺，译. 北京：教育科学出版社，2011：19.

Now!）研究团队等于 2013 年发布了用于指导学校、区域及联盟层面混合学习实施的《K-12 混合学习实施指南》[①]，其目的在于帮助教育管理人员、教育实践人员和教育政策制定者借助混合学习为学生提供高质量的教育。该指南的发布者认为，混合学习的优势在于帮助学校重新设计以学生为中心的教学模式，进而可以促进学生的个性化学习。在对混合学习的理解和认识方面，iLearnNYC 项目同样是引用了克莱顿·克里斯坦森研究所的界定。该指南特别强调，在混合学习的多种实施模式中，基于在线课程的混合学习实施是其中的重要组成部分。

（一）为混合项目的成功实施做好充分的准备

1. 明确目标

混合学习的目标是促进学生的学习和教师的专业成长。虽然不同学校最初引入和实施混合学习的具体目的及动机各不相同，但混合学习的引入不只是为了给学校或教室中增加一些技术设备，其最终目的是促成 21 世纪教育教学目标的达成，促进学生的学习和教师的专业成长。

2. 寻求支持

确保混合项目实施的各个利益相关者（学区管理人员、学校管理团队、社区、教师、学生、家长等）都为未来的变革做好了充分的准备。

3. 提供资金保障

与传统的面对面教学不同，混合学习需要必要的在线学习平台、数字化学习设备（包括移动终端）及环境、资源的支持，教师持续的专业发展也需要资金的保障，因此需要更多的经费投入。

（二）做好计划

良好的计划包括以下六个方面：①项目的实施策略和时间进程安排。②学校层面的混合学习实施模式选择。《K-12 混合学习实施指南》同样采用的是霍恩、斯特克等提出的 K-12 混合学习实施模式，主要推荐了转换模式和弹性模

---

① Bailey J，Ellis S，Schneider C，et al. 2013-02. Blended learning implementation guide[EB/OL]. http://library.educause.edu/-/media/files/library/2013/2/csd6190-pdf.pdf/［2021-09-19］.

式，同时指出转换模式更适合在小学阶段实施，而弹性模式则适合在中学阶段实施。③为在线学习提供的教学（学习）平台和数字化内容资源。④必要的信息化设备。在学生的智能学习终端方面，"学生自带设备"（Bring Your Own Device，BYOD）正在成为一种新的趋势。⑤教师专业发展计划。混合学习的有效实施需要教师的团队协作和持续专业成长的有力支撑。⑥实施效果评估。在项目实施的开始，就要优先考虑评估，并且各个利益相关者都需要了解评估的相关内容。

（三）有效实施

区域及学校层面混合学习项目的有效实施涉及如下四个方面：①混合学习基础设施及基础环境建设，包括网络、硬件、软件、终端等。②整合的、统一的信息系统（学习平台）。③专业发展。混合学习的实施需要学校管理人员及教师转变教育教学观念，提升个人素质和专业技能，而不仅仅是简单地进行信息技术技能操作的培训（图 4-2）。④系统化的支持。它包括为用户提供及时的技术支持、为项目的实施提供项目管理的专业支持、为混合学习变革提供价值观和文化支持、为团队成员的共同分享提供交流支持等。

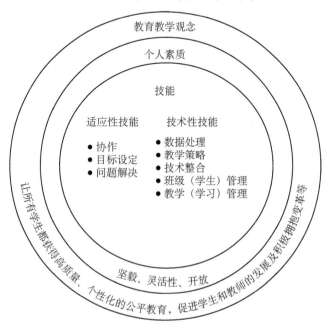

图 4-2　混合学习有效实施对教师专业发展的要求

（四）持续改进

混合学习的最终目的是引发学校课程、教学及人才培养方式的变革，同时保证变革的持续性，因此持续的回顾、总结和评估至关重要。最后，《K-12 混合学习实施指南》还强调，为了确保持续改进的有效性，研究者的参与及与实践者的合作也不可或缺。

第三节 基于实践共同体的中小学在线课程混合学习本土化实施模式、类型与框架

一、"视像中国"中小学在线课程混合学习本土化实施逐步深入的实践探索

自 2014 年秋季学期 "视像中国" 中小学在线课程上线以来，在线课程的实施经历了从单纯的线上学习到融入学校课程体系的校本混合学习实施的探索。随着经验的不断积累和实践的深入，又从线上线下初步融合的简单混合学习，发展到各所学校根据自己的实际情况逐步加大了本地教师的参与和线下指导力度，根据各自的实际情况开展多样化的线上线下混合学习活动，一些学校形成了具有自身特色的基于在线课程的校本课程、拓展课程新形态和混合学习新模式，形成了较为稳定、成熟的在线课程校本混合学习实施体系。

在线课程线上线下混合学习的校本实施，不但大大提高了课程的完成率，增强了中小学生对在线课程的学习兴趣，还提高了教师、学生及家长对在线课程和在线学习的认可度，同时也提高了学生的信息素养和自我管理、自主学习能力。

（一）从线上学习到线上线下校本混合学习的转变

由于缺乏中小学在线课程规模化实施的经验，在 2014 年秋季学期和 2015 年春季学期课程上线运营期间，共同体采用了各所学校配合 "视像中国" 远程教育发展中心组织学生报名，学生在课外线上自主学习的方式，但实施效果不

容乐观——本研究团队获取的课程运营数据显示，第一期的课程完成率为35%，第二期的课程完成率低至29%。从本研究团队掌握的课程实施第一期的过程性数据来看，报名的学校（8所）和学生数量（接近300人）较多，但真正开始课程学习的学生数量比较有限（68人）。在课程开始的第一周，受到平台稳定性、网速及不同学校组织管理方式的影响，68名学生中只有43%的人进入平台开始学习，另有36%的学生在课程开始的第四周才开始课程学习。课程结束后的问卷调查表明，在学生面临的学习困难中，86%为网速问题（尤其是观看微视频时面临的网络卡顿问题），72%的学生没有足够的时间投入在线课程学习，61%的学生在学习在线课程的过程中会同时做与学习无关的事情，近半数学生缺乏在线课程的学习计划和自我管理能力，36%的学生不熟悉在线课程平台，22%的学生不适应在线学习这种新型方式，21%的学生感觉在学习过程中缺少交流和互动，15%的学生因为缺乏外在约束而难以坚持。共同体合作高校在对宁波和上海两所学校的实地调研中也发现，由于老师和学生都是第一次接触在线课程的学习，学校是抱着试一试的态度让学生参加在线课程学习的，现实中发现大部分学生的自控力和自主学习能力都比较弱，有的学生（尤其是部分男生）一上网就难以自控，而且学生的课外作业及课外班的学习任务也很重，学生很难再抽出时间坚持学习在线课程。

在对在线课程前两期的运营情况进行调研、总结和反思之后，尤其是针对学生面临的网速问题、缺少学习时间保障及自我管理能力不足的问题，"视像中国"远程教育发展中心和高校专业团队决定自第三期开始采用线上线下混合学习的在线课程实施方式，要求每一所报名参加在线课程学习的学校至少要配备1名本地指导教师，并且与高校在线课程的导学团队共同建立在线课程校本实施的指导教师团队。同时，加强本地教师对于学生在线学习的指导和线上线下学习的活动设计，通过多方协同合作的方式共同确保在线课程的有效实施。根据本研究团队获得的调研资料和课程运营数据，在2015年秋季学期（第三期）的课程实施中，大部分学校都采用了本地教师组织和指导下的校内集中学习方式，课程的完成率提高到了77%，82%的学生在第一周即加入了课程学习，对在线学习方式不适应学生的比例降低到了15%；到了2016年春季学期（第四期），课程完成率维持在75%，但优秀率由上一期的22%提升到了63%；到了2018年春季学期（第八期），课程完成率提高到了89%。

（二）在线课程校本混合学习实施的多种途径

本研究团队在 2017 年春季学期对 567 名在线课程学生的调查问卷显示，69%的学生在校内教师的监督和指导下已经通过多种形式学习在线课程，到 2018 年秋季学期，已经有 90%的学生在本地指导教师的带领下学习在线课程。经过多年的在线课程校本混合学习实施探索，逐步形成了适应中国基础教育现状的、多样化的在线课程校本混合学习实施途径。

1. 与单门学科课程的融合

参加在线课程学习的实践共同体学校结合不同类型在线课程的特点及所在学校课程建设和课程改革的现实需求，逐步形成了将在线课程融入已有学科课程的校本混合学习实施途径。

（1）与中小学心理健康教育类课程的融合

近年来，国内教育发达地区的中小学越来越重视学生的生涯规划教育，对于生涯规划课程资源的需求也较为强烈。"视像中国"远程教育实践共同体在设计和开发信息素养类中小学在线课程的同时，为了满足共同体学校生涯规划教育的需求，又设计和开发了面向中学生的生涯规划类在线课程，包括"探索自我""探索外部世界""生涯规划与管理""探索职业：航空""探索职业：航天""我型我秀"等，一些教师开始探索基于在线课程的心理健康教育课程混合学习实施的新途径。例如，宁波市四眼碶中学将"探索自我"引入初中二年级的心理健康课程，开展了多样化的线上线下混合学习活动。任课教师说：

> 混合学习方式将心理课与在线课程相结合，给孩子们带来了不一样的体验，提高了学生学习的热情与主动性，教学效果会比较好。同时，老师可以根据孩子们的学习进度，给予个别化的支持，学生的学习效果比单一网络课程的学习效果要好得多，有助于教学目标的达成。[1]

（2）与中小学信息技术类课程的融合

"数字化学习""触摸信息技术前沿"是高校为"视像中国"远程教育实践共同体学校开发的信息素养类在线课程，其内容与中小学信息技术课程密切相

---

[1] 许波. 中学生网络课程混合式学习实践探索——以视像中国网络课程为例[J]. 宁波教育学院学报，2018（1）：111-115.

关，一些学校引入了在线课程的新内容、新形态及在线学习的新型学习方式，以此来探索信息技术课程校本混合学习变革的新思路。例如，宁波市春晓中学根据学校信息技术课程改革的需求，引入了在线课程"触摸信息技术前沿"，并且开展了线上线下的混合学习探索，丰富了信息技术课程的教学内容和学习方式，受到了学生的欢迎；河南大学附属中学将在线课程"数字化学习"的部分内容引入初中信息技术课程，构建了以活动设计为整合突破点的线上与线下结合的混合学习模式。

河北省唐山市第四十九中学将生涯规划课程"探索职业：航空""探索职业：航天"与学校的信息技术课程相结合，开展了三阶段的校内校外相结合的混合学习实施实践。第一阶段，本地指导教师利用信息技术课指导学生进行选课，熟悉在线课程平台操作，了解课程内容，指导学生如何按照教学进度表完成课程任务；第二阶段，以学生课外线上自主学习为主，教师提供必要的线上指导和监督；第三阶段，本地指导教师利用信息技术课程带领学生完成期末测验和课程的调查问卷，并督促学生利用课下时间撰写、提交学习总结与反思。学校还于2017年7月和2018年8月两次带领学生赴上海参加航空、航天研学旅行实践活动，激发了学生对航空、航天课程的兴趣，大大提高了学生学习在线课程的积极性。

（3）与校本探究性课程的融合

上海市闵行区教育学院附属友爱实验中学作为"视像中国"远程教育实践共同体的核心成员校，自2015年开始持续引入"视像中国"生涯规划类在线课程"探索职业：航空""探索职业：航天"，并且将之与校本探究性课程相结合，在本地教师的组织下开展在线课程的学习和线下任务驱动的学习活动，又参加了实践共同体组织的航空、航天社会实践活动，通过混合学习，更新了学生的学习观，提升了学生的自主学习能力，适应了数字化学习新环境。

2. 与多门学科课程的融合

在在线课程校本混合学习的实践探索中，有的实践共同体学校创新性地尝试了在线课程与多门学科课程融合的新方式，提高了在线课程应用的覆盖面。例如，佛山市南海区里水镇旗峰小学在2008年10月就加入了"视像中国"远程教育实践共同体，学校在坚持参加共同体组织的网络辩论赛、网络读书会、网络跨文化交流、香港暑期夏令营及远程教育年会、教师线下培训等活动之外，自2018年开始带领学生参加在线课程的学习。学校创造性地将"视像中国"民族理解类在线课程（如"民族理解：佤族"）与学校的"峰文化"校本课程体系相融合，丰富了学校已有的课程体系，提高了学校课程体系的信息化和现代化水平。在课程的实施方面，学校将信息技术教师、与民族理解内容密切相关的语文教师、音乐教师和美术教师组成校本混合学习项目团队，共同探索在线课程与多学科融合的新型教学方式，开展了"语文课上说佤族""音乐课上听佤族""美术课上画佤族"等多种线上线下混合的学习活动（图4-3）。

> 这样一个拓展系列活动下来，学生不但自然地走进了多姿多彩的佤族风情画卷中，丰富了对中华民族大家庭的认知，激发了学生对少数民族的感情，也把文本学习与民族理解教育的校本课程自然而然地融合在一起，提升了师生的民族理解教育情怀。[①]

佤族文化 ┤
　　语文：文本学习、拓展延伸（在线查阅、汇报交流）
　　音乐：乐曲学习、拓展延伸（观看视频、欣赏音乐歌曲）
　　美术：课堂绘画、拓展延伸（了解佤族服饰、佤族民俗风情等）

图4-3　佛山市南海区里水镇旗峰小学开展的在线课程与多学科融合的混合学习活动

3. 作为一门独立的校本（社团）课程开设

随着"视像中国"在线课程校本混合学习实施探索的不断成熟，越来越多的学校将之作为一种新型的校本课程或社团活动的形态独立开设，丰富了学校的校本课程或社团课程体系。例如，宁波市兴宁中学将"探索职业：航天"作为一门独立的拓展课程，在初一年级开设，除了线上自主学习之外，还邀请高校导学团队开展线上专题讲座——"如何做一名成功的网络学习者"，邀请上海航天技术研究院太空飞船专家远程为学生开展网络讲座，又在本地教师的指导下开展了线下的学生小组合作学习和展示交流活动，受到了学生的欢迎；宁波市鄞州区邱隘实验小学也选择了民族理解类在线课程，在混合学习实施过程中，学校首先是将在线课程和信息技术课相结合，让学生在学习在线课程的过程中掌握计算机操作和信息技术应用。之后，随着应用的不断深入，民族理解系列在线课程发展成为学校的一门拓展课程，成为全体五年级学生的必修课；郑州市二七区运河城实验小学在河南大学研究团队的带领下加入"视像中国"远

[①]　引自本研究团队的调研和访谈资料。

程教育实践共同体，将"民族理解"系列在线课程作为学校四、五、六年级的校本社团课程独立开设，丰富了学校的课程体系，满足了学生的个性化需求，促进了学生的多元化发展，同时也对学校的教育信息化发展起到了一定的推动作用。

二、基于实践共同体的中小学在线课程混合学习实施模式与路径设计

与当前大多数中小学在线课程应用及混合学习的实施有所不同，"视像中国"中小学在线课程的校本混合学习实施不是以个体学校或个体教师为单位各自孤立的实践行为，而是在实践共同体组织机制和整体实施框架下有计划、有组织、有支持的系统性、规模化应用，是在"视像中国"远程教育发展中心和区域教育管理部门的共同组织、引领下，协同高校研究团队、社会专业机构及中小学校，逐步形成了具有实践共同体特色的"U（university，高校）-S（school，中小学）-S（society，社会机构）-C（community，共同体协调机构）"协同的混合学习本土化实施模式（图4-4）。

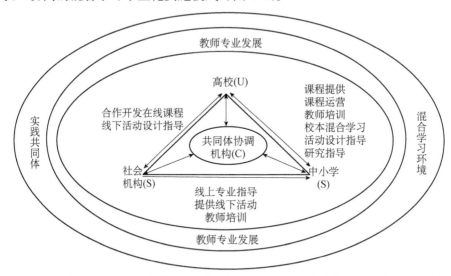

图4-4　"视像中国"中小学在线课程混合学习本土化实施模式

具体而言，在中小学在线课程设计、开发、发布、选课、线上线下混合学习及评价、总结等各个阶段，这些不同机构各自发挥着互为补充、不可替代的重要作用，形成了"视像中国"中小学在线课程混合学习的本土化实施路径（图4-5）。

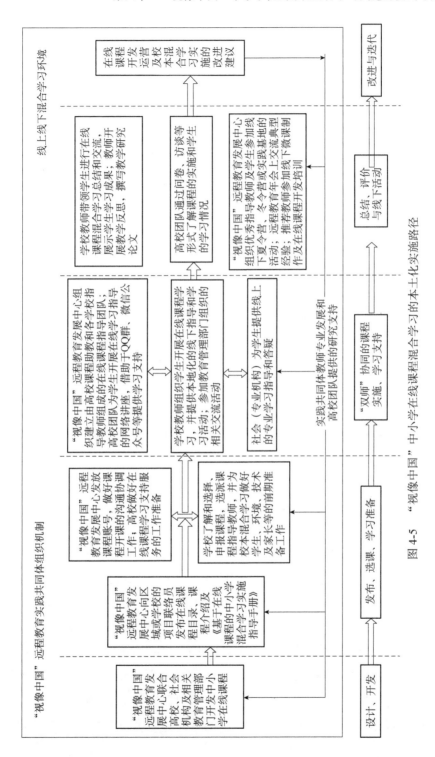

图 4-5 "视像中国"中小学在线课程混合学习的本土化实施路径

（一）共同体的"协调员"角色（C）

在实践共同体的组织机制下，"视像中国"远程教育发展中心和区域教育管理部门扮演着共同体的"协调员""决策者"角色。其中"视像中国"远程教育发展中心是整个在线课程组织、运营的核心机构，承担着视频会议平台管理、在线课程平台提供和运维，以及协调高校专业团队及相关专业机构开发在线课程、课程选课、线下学习活动组织等一系列工作，区域教育管理部门则起到了政策支持、资源支持、活动协调、教师专业发展支持及共同决策等作用。

（二）高校研究团队（U）

来自北京师范大学、河南大学等高校的专业人员负责"视像中国"中小学在线课程的设计、开发、运营及相关的线上学习支持服务，同时开展相应的中小学在线课程开发及校本混合学习实施的跟踪研究工作，及时了解课程运营和学生的学习情况，编制《基于在线课程的中小学混合学习实施指导手册》，为校本混合学习实施提供专业指导。同时，"视像中国"远程教育发展中心联合高校研究团队为共同体学校教师提供了微课制作及在线课程开发、混合学习实施的线下培训。高校研究团队作为实践共同体的核心成员也会定期参加共同体组织的远程教育年会、研学旅行、专题调研等多种线下活动，为共同体的发展提供专业咨询。

（三）社会机构（S）

"视像中国"远程教育实践共同体作为一个民间自组织的、公益性的开放平台，多年来得到了中国福利会少年宫计算机活动中心、上海东方飞行培训有限公司、上海航天技术研究院、井冈山革命博物馆等的大力支持。井冈山革命博物馆为"视像中国"远程教育实践共同体学校开发了井冈山革命历史故事系列网上讲座，受到了学校的欢迎；上海东方飞行培训有限公司和高校研究者合作开发了生涯规划系列在线课程"探索职业：航空"，为参加课程学习的学生提供线上的专业辅导、答疑，并提供了航空线下研学基地；上海航天技术研究院与高校研究者合作开发了生涯规划系列在线课程"探索职业：航天"，为参加课程学习的学生提供线上的专业辅导、答疑，也提供了航天线下研学基地。

这些专业机构提供的专业服务和专业实践体验，拓宽了学生的视野，大大激发了学生学习在线课程的积极性。

（四）中小学校及本地教师的作用和角色（S）

中小学校作为实践共同体的成员和在线课程的自愿使用者，是在线课程校本混合学习实施的主体。这些学校大都是长期参与"视像中国"远程教育实践共同体多项活动的核心成员，也是所在地区教育信息化的先行者和积极探索者。它们根据学校的现实需求，主动选择了在线课程这种新型的课程方式，并根据实践共同体的要求配备了至少一名在线课程指导教师，有的学校还组成了在线课程的校本混合学习实施与教研团队。

随着"视像中国"在线课程混合学习本土化实施实践的不断成熟，形成了多样化的混合学习实施方式。与此同时，共同体对本地教师重要性的认识也越来越深刻。线下本地教师的角色也由学生校内在线课程集中学习的组织管理者、监督者，逐步发展成为在线学习的指导者、支持者和帮助者，进而成长为线上线下混合学习活动的设计者、实施者和评估者。例如，上海市闵行区教育学院附属友爱实验中学的陈老师将自己的角色总结为"指导者、引领者和设计者"，她通过主动学习混合式教学理论、参加实践共同体组织的微课制作、尝试在线课程开发等方式来提高自己的理论水平和信息技术应用能力，在课中认真指导学生在线自主学习，引领学生完成在线课程的作业、讨论、考试、课程反思和总结等学习活动，对信息素养较低的学生进行针对性的技术应用及平台应用的个性化指导，监督学生的课下自主学习。除此之外，陈老师还带领学生参加航天和航空研学等社会实践活动。

因此，在线上线下混合学习的本土化实施中，高校团队的线上指导和线下本地教师指导的"双师"角色正在被越来越多的研究者、教育管理者及教育实践者认可。我们认为，"本地教师（包括助教）的角色和作用对于学生的在线学习效果至关重要，在线教师与本地教师及本地助教（协助本地教师处理相关的技术问题）结合的混合学习大大提高了学生的课程完成率"[1]。

---

[1] 梁林梅. 加拿大K-12远程、在线与混合学习的经验及启示[J]. 数字教育，2019（6）：80-86.

（五）教师专业发展支持

无论是本书对于美国 K-12 在线教育系统结构的分析、对 K-12 在线学习国际联盟与纽约市教育局合作实施的 iLearnNYC 实验学校混合学习项目的案例研究，还是美国卓越教育基金会资助的《K-12 混合学习实施指南》、K-12 在线学习国际联盟提出的"面向混合学习的中小学在线课程质量标准"，都强调了教师专业发展的重要作用。尤其是在"面向混合学习的中小学在线课程质量标准"中，提出了需要为从事在线课程混合学习实施的教师提供三类专业发展支持：①确保教师做好信息素养、信息技术技能等方面的准备和在线教学理论、方法及教学设计等方面的准备；②为教师的在线及混合学习实施提供社会、文化、政策、情感及学习环境等方面的支持；③为教师提供激励学生主动参与的方法、技术、策略等方面的支持。[①]

在"视像中国"远程教育实践共同体的组织框架下，参加"视像中国"在线课程混合学习本土化实施的教师可以得到共同体、所在区域及学校三个层面的专业发展支持。在实践共同体层面，"视像中国"远程教育发展中心与高校专业人员合作，为教师提供了微课制作、在线课程开发及混合学习实施的系列线下专题培训，还基于共同体学校校本混合学习的已有实践和典型案例，于2018 年撰写了《基于在线课程的中小学混合学习实施指导手册》，并于 2019 年和 2020 年进行了修订。在在线课程的设计、开发和实施的不同阶段，高校研究团队通过问卷调查、现场调研、案例研究等多种形式，及时了解实践共同体学校和教师的实际需求、课程的实施运营效果、学生的学习情况等，及时将调研数据反馈给"视像中国"远程教育发展中心、区域教育管理部门的相关人员及本地教师等，促进在线课程校本混合学习实施的不断改进和完善。另外，在每年的"视像中国"远程教育年会中，都会安排在线课程校本实施的经验交流专题，既扩大了在线课程的影响，也分享和交流了在线课程校本实施的成功经验。

在区域和学校层面，共同体成员都会将"视像中国"远程教育实践共同体的活动（包括在线课程的实施）和所在地区及学校的教育教学改革及教育信息化工作相结合，为开展在线课程校本混合学习实施的教师提供必要的政策及专

---

① iNACOL. 2011-10. National standards for quality online courses：Version 2［EB/OL］. http://files. eric.ed.gov/fulltext/ED537339.pdf［2021-09-19］.

业发展支持。例如，郑州市二七区运河城实验小学在校长的支持下组建了由
3～5 位教师组成的在线课程混合学习实施和教学的研究团队，除了作为课程实
施的管理者和指导者帮助学生顺利开展线上课程学习之外，还根据不同课程内
容的主题和学生兴趣组织开展线下主题活动，融合语文、音乐、美术、品德与
社会等课程，开展丰富多彩的线下活动，引导学生进行拓展性学习。比如，音
乐课上进行少数民族歌曲欣赏、学唱活动，美术课上进行绘画、制作少数民族
服饰、体验蜡染制作过程等。为了推动在线课程混合学习的顺利实施，学校组
织在线课程教研团队参加了实践共同体组织的线下教师培训、线上教研、远程
教育年会等活动，又通过课题引领的方式推动教师的专业成长。学校主持的河
南省教育科学规划课题"校本课程线上线下混合式学习的实践研究"相关成
果，获得了河南省 2020 年度教育信息化创新应用类成果奖一等奖。

三、基于实践共同体的中小学在线课程混合学习本土化实施类型与框架

（一）中小学混合学习本土化实施的组织形式

在柯蒂斯·邦克主编的《混合学习手册：全球视野与本土设计》一书中，
卡雷斯·格雷厄姆（C. R. Graham）提出了在高等教育领域影响广泛的混合学
习实施的四个层面（四种组织形式）：①活动层面的混合（activity-level
blending）。学习活动是指学习者为了达到特定的学习目标而完成的学习任务及
其所有行为操作的总和。混合学习活动既可以是课堂环境中面对面的学习活
动，也可以是在线环境中的学习活动；既可以是群体性的协作式学习活动，也
可以是个体的学习行为；既可以是教师主导的学习行为，也可以是学生自主探
究的学习行为。②课程层面的混合（course-level blending）。这是一种新型的课
程形态，是将混合学习的理念、策略和方法应用于整门课程的设计和实施，对
混合学习环境及教师的教学等提出了更高的要求。③项目（专业）层面的混合
（program-level blending）。这类混合学习的实施扩展到高等教育的专业发展层
面，涉及专业人才培养的方方面面，引发了专业层面的系统变革，具有更大的
难度和挑战。④机构（院校）层面的混合（institutional-level blending）。随着
高等教育系统变革及教育信息化的深入发展，在线教育融入了院校教学、科

研、管理及社会服务的各个领域，使得混合学习的实施超越了某一专业层面而涉及更多的学科和专业，甚至影响到了院校课程体系和人才培养模式的重构。这是一种难度更大的、更具有挑战性的混合学习实施。①

在国内外混合学习实施的实践中，德赖斯代尔等在 2013 年的研究中发现，83%的混合学习集中在课程层面，只有 10%的混合学习研究关注项目和机构层面。针对这一现象，研究者认为课程层面的混合学习对于研究者来说比较容易组织，而项目和机构层面的混合式学习的组织则需要进行计划和协调，因此会影响研究的开展②；马婧等通过文献分析发现，目前国际上关于混合学习的实施大多集中在课程层面，较少上升到专业和院系层面，更缺乏宏观层面的研究和应用③；马志强等对国内相关文献的研究也指出，79.2%的研究聚焦于课程层面，而机构和项目层面的混合式学习研究却分别只有 4.4%和 8%，活动层面的实施也较少④。

结合我国基础教育人才培养、教育改革及课程教学的特点，本书将中小学混合学习的本土化实施分为如下五个层面（五种组织形式）：①活动层面。②课堂层面。这是混合学习实践中教师经常采用的一种组织方式，即面对面学习和在线学习都是课堂教学的重要组成部分。这需要教师根据教学的实际情况选择一节或几节课，在传统的班级课堂教学中开展混合教学实践。这种混合形式一般可以分为两种情况：一种情况是面对面学习和网络学习在同一个物理空间中（班级或学校的电脑机房）进行，两种学习方式相互促进，教师在需要的时候为学生提供及时的支持和指导。另一种情况是面对面学习和网络学习在时空上完全分离，例如，学生在学校的班级教学中进行面对面学习，在学校机房（或家中）开展在线学习。③课程层面。④学校层面。⑤区域层面。随着基础教育领域区域教育综合改革和区域教育信息化的整体发展，混合学习的实施超

---

① Bonk C J, Graham C R. The Handbook of Blended Learning: Global Perspectives, Local Designs[M]. San Francisco: Pfeiffer, 2006: 56-57.

② Drysdale J S, Graham C R, Spring K J, et al. An analysis of research trends in dissertations and theses studying blended learning[J]. The Internet and Higher Education, 2013（4）: 90-100.

③ 马婧, 周倩. 国际混合学习领域热点主题与前沿趋势研究——基于科学知识图谱方法的实证分析[J]. 华东师范大学学报（教育科学版）, 2019（4）: 116-128.

④ 马志强, 孔丽丽, 曾宁. 国内近十年混合式学习研究趋势分析——基于 2005—2015 教育技术领域学位论文[J]. 现代远距离教育, 2015（6）: 49-57, 102.

越了单个的机构或学校，在区域（甚至是跨区域）的整体协同推进下能够促进混合学习的规模化实施和应用。以学习活动为核心的混合学习可以在区域、学校、课程及课堂的任何层面开展（图4-6）。

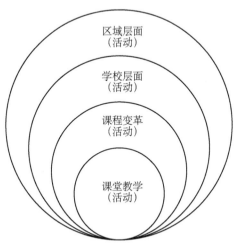

图4-6 中小学混合学习本土化实施的组织形式

（二）中小学混合学习本土化实施的类型

虽然以北美为主的国际研究者提出了影响广泛的K-12混合学习实施的分类框架[①]，但本研究团队在国内基础教育领域长期开展在线学习及混合学习的实施过程中发现，由于多种因素的影响，这一分类模式并不符合中国本土基础教育及教育信息化实践的现实情况，而美国学者格雷厄姆等提出的混合学习实施三种类型是可以学习和借鉴的。格雷厄姆在区分了混合学习实施的五种组织形式的基础上，又根据混合学习的实施深度提出了混合学习实施的三种类型：①基本混合型（即混合学习实施的初级阶段）。这种类型只是将在线学习简单、小范围地应用到面对面教学中，其目的是为学生提供更多的学习资源或更加便利的、灵活的多样化学习机会、学习方式。②增强混合型（即在线学习与面对面教学的有效融合阶段）。在这种类型中，教师的教学方式、教学策略及学生的学习方式开始发生一定程度的改变，但整体的教学结构和流程没有发生根本性的变化。③创新混合型（即混合学习实施的高级阶段或深度混合应用阶

---

① 〔美〕迈克尔·霍恩，〔美〕希瑟·斯特克. 混合式学习：用颠覆式创新推动教育革命[M]. 聂风华，徐铁英，译. 北京：机械工业出版社，2015：56-60.

段）。在这一阶段，与传统教学相比，教学结构或教学流程发生了系统性变化，更加体现了以学习者为中心的教学理念，教学过程中的学习者参与及师生交互成为常态，学生成为主动学习的知识建构者。这一类型对于混合学习环境和教师的教学能力都提出了更高的要求，例如，翻转课堂就属于创新混合型的高级阶段。[①]

本研究在格雷厄姆等提出的混合学习实施三种类型的基础上，借鉴 K-12 在线学习国际联盟提出的混合学习分析维度框架[②]，基于国内中小学混合学习实施的现实状况，形成了符合中国中小学在线教育实际的混合学习实施类型及其关键特征，如表 4-2 所示。

表 4-2   中小学混合学习实施类型及其关键特征分析

类型	基本混合型	增强混合型	创新混合型
关键特征	在整个的教学或学习过程中，以教师在传统课堂教学中传授内容和面对面的学习活动为主，同时也为学习者提供在线课程资源或数字化学材料作为补充，学生借助于这些学习材料在家、课堂或学校的机房开展自主学习或协作学习。这种混合学习模式保留了传统课堂的主要形式，在部分学习过程或学习活动中引入了在线学习	在这种混合学习模式中，在线学习的比例和作用有所增加，学生在整个学习过程中的自主控制性有所增加。从教学的时间安排来讲，学生是在面对面学习和在线学习之间交替。这种模式进一步增加了学生在整个学习过程中的选择权和控制权，为学生提供了更多的互动和参与学习的机会，同时也对信息技术支持的学习环境、学生的自我管理能力、学习能力和教师的教学能力等提出了更高的要求与更大的挑战	在这种混合学习模式中，大部分学习内容都是学生在在线环境中完成的。线上学习部分既可以发生在传统的学校教室中，也可以安排在学校的机房中，还可以发生在学校以外的物理场所，例如，家庭或社区的学习中心等，既可以采用班级集体学习的方式，也可以采用学生自主个别学习的方式。在整个学习的过程中，除了在线学习之外，学生仍然需要参加教师设计和组织的班级（小组）面对面的教学和学习活动，但其作用主要在于个性化辅导、支持和辅助学习。与前两种混合学习模式相比，这是一种更加以学生为中心的、个性化的学习模式，具有更大的灵活性，学生的学习环境和学习流程都发生了很大的变化，大部分学习内容都是依靠学生的自主学习来完成的，但教师和学习伙伴的引导与支持作用同样不可或缺

从近年来"视像中国"远程教育实践共同体学校在线课程校本混合学习实施的情况来看，在线课程及混合学习在国内大部分地区的中小学尚属于新生事物，缺乏本土化的基于在线课程的线上线下混合学习的实施经验。虽然高校研究团队从 2018 年开始为共同体学校提供了《基于在线课程的中小学混合学习

---

① Bonk C J, Graham C R. The Handbook of Blended Learning：Global Perspectives，Local Designs[M]. San Francisco：Pfeiffer，2006：58-59.

② iNACOL. 2011-10. National standards for quality online courses：Version 2[EB/OL]. http://files.eric.ed.gov/fulltext/ED537339.pdf[2021-09-19].

实施指导手册》，并且将混合学习的实施纳入实践共同体教师的线下培训内容，但从在线课程混合学习的整体情况来看，其受到多种因素的综合影响（例如，所在地区及学校的数字校园发展水平、师生的信息素养、教师的混合学习实施能力等），大部分地区及学校仍然处于混合学习实施的初级阶段，具有创新混合型特征的学校仍然比较少，混合学习的深度和效果仍然需要进一步提升。

（三）基于实践共同体的中小学在线课程混合学习本土化实施框架

本研究的混合学习实施，在组织形式方面既包括课堂层面、课程层面、学校层面及活动层面的问题，也关注体现基础教育教学改革与发展优势和特色的区域（跨区域）层面的混合学习规模化实施问题；在混合学习实施的类型方面，既研究基本混合型、增强混合型的实施问题，也总结和分析创新混合型的有效实施经验。

为了能够在区域（甚至是跨区域层面）、学校、课程及活动层面推动混合学习的本土化实施，本书选择了实践共同体这一组织机制视角，以此来总结和分析基于在线课程的中小学混合学习跨区域及校本实施问题，这是本研究不同于已有研究的特色和创新。因此，本研究提出了基于实践共同体的"视像中国"中小学在线课程混合学习本土化实施框架（图4-7）。

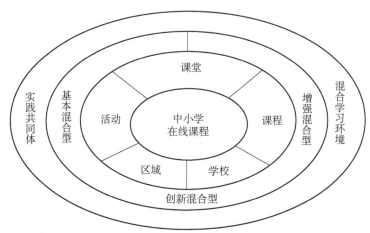

图4-7 基于实践共同体的"视像中国"中小学在线课程混合学习本土化实施框架

因此，本研究探讨的中小学在线课程混合学习本土化实施，具有如表4-3所示的关键特征。

表 4-3   中小学在线课程混合学习本土化实施的关键特征

维度	关键特征
组织机制	"视像中国"远程教育实践共同体包括民间组织"视像中国"远程教育发展中心及区域教育管理部门、中小学、高校研究人员、社会机构等
线上学习资源	本研究的混合学习实施依托的线上学习资源特指"视像中国"远程教育实践共同体高校专业人员和相关社会机构合作,根据共同体成员学校的需求而开发的中小学在线课程,包括信息素养、生涯规划和民族理解三个系列
混合学习环境	在线课程开发和实施依托的线上学习平台由"视像中国"远程教育发展中心和相关企业提供;中小学在线课程混合学习实施主要使用的是各学校的计算机专用教室或少数的电子书包学习环境
应用范围和类型	从应用范围来看,涵盖了跨区域、区域、学校、课程、课堂、学习活动等多个层面;从应用类型来看,涵盖了基本混合型、增强混合型和创新混合型三种类型
线下活动	一些地区和学校依托信息技术课程、心理健康课、生涯规划课、科技探究课等已有课程来实施混合学习;一些学校依托实践共同体在线课程建立了新的校本课程或社团课程,来实施校本混合学习。除此之外,实践共同体还为成员校教师提供了在线课程设计与开发的线下培训和每年的远程教育年会研讨,并为学生提供了面对面的夏令营、冬令营等实践活动

第五章 "视像中国"中小学在线课程混合学习本土化实施案例

第一节 "课堂-活动-增强混合型"——初中"数字化学习"混合学习实施①

一、混合学习实施背景与设计

由"视像中国"远程教育发展中心和高校等合作开发的在线课程于 2014 年秋季上线，2015 年下半年（课程运营的第 3 期）开始在部分学校尝试线上线下混合学习的新型教学方式。

2016 年秋季，本研究团队开发的中小学信息素养系列课程"数字化学习"上线运行。"数字化学习"在线课程旨在使中学生了解和体验数字化学习及网络课程这种信息时代全新的学习方式，以拓展中学生的视野，初步了解数字化学习的新特点和新要求，培养中学生的信息素养、网络学习和网络交流能力。该课程依托"视像中国"远程教育发展中心的在线课程平台运行（图 5-1）。

针对国内部分地区由于初中信息技术课不列入中考内容，在教学实践中面临的因学校及学生对该课程的重视程度不够而引发的学生学习动机不足、学习投入不足、参与度不高的问题，2016 年秋季学期，本研究团队与河南省开封市某中学合作，以初二年级学生为对象，选择初中信息技术课程教学的部分内容，开展了基于在线课程"数字化学习"的校本混合学习实施实践探索。

---

① 本节内容参考了如下文献：夏颖越. 基于"视像中国"在线课程的初中生混合学习实施研究——以开封市某中学为例[D]. 开封：河南大学硕士学位论文，2017（指导教师为梁林梅教授）.

图 5-1 "数字化学习"在线课程页面

2016 年，由于国内基础教育领域及"视像中国"远程教育实践共同体的在线课程应用及混合学习实施尚处于起步阶段，无论是在中小学混合学习研究的有效应用模式还是在混合学习实践方面的可借鉴经验都十分有限。按照本书提出的基于实践共同体的"视像中国"中小学在线课程混合学习本土化实施框架，本研究聚焦于课堂层面的混合学习活动实施，并且属于增强混合型的实施类型，混合学习环境为"视像中国"在线课程平台和学校的计算机专用教室（图 5-2）。

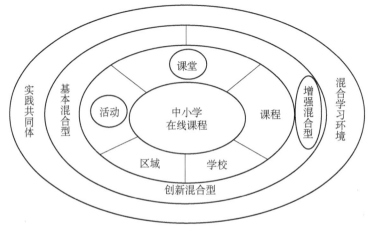

图 5-2 "课堂-活动-增强混合型"的校本混合学习实施框架

二、基于在线课程的初中信息技术混合学习模式设计

(一)混合学习模式设计的依据

1. 教学目标

混合学习教学的设计要以中学生信息技术课程与在线课程的双重课程目标为依据。由于缺乏国家层面义务教育阶段信息技术课程的统一课标,本研究将信息技术的课程目标定位于为学生营造良好的信息环境、提升学生信息素养和解决问题的能力,而"数字化学习"在线课程的目标与信息技术课程目标具有较高的一致性,可以为信息技术课程目标的达成提供新的线上线下混合学习方式。

2. 学生的学习现状和学习需求

通过前期问卷调查可以发现,参加"数字化学习"在线课程的学生日常上网的主要行为如下:搜索/查询信息(3.41分)、收听音乐(3.31分)、聊天(3.17分)和学习(3.05分)[①],因此大都将网络作为休闲、娱乐和信息检索的工具,网络学习的影响和应用都较为有限。调查发现,虽然71%的学生表示自己具有一定的在线学习经历,但只有5%的学生完整地学习过一门在线课程;在对信息技术课程重要性的看法方面,只有39%的学生表示非常喜欢信息技术课的学习内容,22%的学生觉得这门课程的内容对自己很有用,愿意认真学习。访谈中,有学生表示,自己对信息技术较为感兴趣,但由于信息技术课在学校不被重视,教材、教学内容和教学方法都较为陈旧,无法满足自己的学习需求。因此,学校及教师可以发挥"数字化学习"在线课程的优势,丰富课程的学习内容,为学生提供更加多样化的学习方式和学习体验,提高学生上课的参与度和学习效率。

在具体的在线课程学习需求方面,调查发现,76%的学生愿意及非常愿意学习"数字化学习"在线课程,但由于学校的功课和学习任务较重,90%的学生表示每周在线课程的学习时间投入应该控制在1~2个小时;在学习目标期望方面,除了对信息技术课程的知识内容的要求之外,73%的学生期望能够提升自身的信息素养,68%的学生期望掌握网络学习的方法和技能。

---

① 满分为4分。

3. 学习和借鉴已有的研究成果

在混合学习的教学设计方面，本研究借鉴和参考了谢非和余胜泉在《中学混合学习的教学实施模式》一文中提出的中学混合式学习的实施模式（图5-3）①，以学校的计算机专用教室和多媒体教室为线下学习环境，以"视像中国"在线课程平台为线上学习环境，以"数字化学习"在线课程为线上资源，本地教师结合初中信息技术课程的教学目标和内容，探索线上线下相结合的新型混合学习模式。

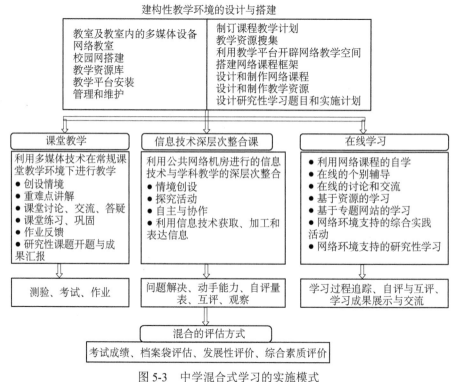

图 5-3　中学混合式学习的实施模式

（二）线上线下混合学习活动模式的建构

在学习和借鉴已有相关研究，结合合作学校初二年级信息技术课程教学的现实及学生的课程学习需求的基础上，本研究选择了以主题活动的方式将"数字化学习"在线课程与已有信息技术课程的教学内容进行整合和重构，每个主

---

① 谢非，余胜泉. 中学混合学习的教学实施模式[J]. 现代教育技术，2007（11）：79-83.

题活动的完成时间为 2 课时，并以 2 课时为单位提出了基于在线课程"数字化学习"的混合学习活动模式（图 5-4）。

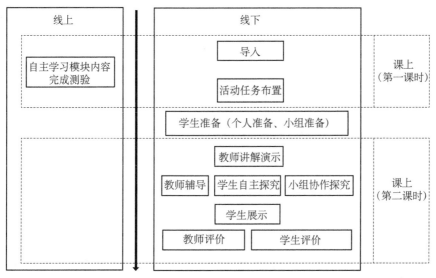

图 5-4 基于在线课程"数字化学习"的混合学习活动模式

如图 5-4 所示，第一课时以教师引导的学生线上自主学习为主，在学生完成自主学习要求的基础上，教师布置线下活动任务，学生课下做好下一次线下活动的课前准备；第二课时包括线下的教师讲解演示环节、学生自主探究和小组协作探究环节以及学生展示环节和评价环节。

1. 导入：回顾复习，引入新课

导入环节的主要内容是教师回顾前面所学的内容，并介绍"数字化学习"新模块的主题内容，明确新课主题目标，并安排本节课学习任务。导入环节起到了承前接后的作用，能帮助学习者建立新旧知识之间的意义联系，构建新的知识框架。

2. 学生线上自主学习：学生自定步调学习新知识

线上自主学习环节，要求学生在线自主学习新模块内容，并完成模块测验。在这一环节，教师需要把教学内容划分出重点、难点，并在在线课程原有知识结构的基础上，按照学生的原有知识水平和学习需求将知识点划分为"必学""选学"两部分，支持学生自定步调的个性化学习。

3. 活动任务布置：明确活动要求

在第一课时的最后，教师结合信息技术课程的学习内容与在线课程"数字化学习"的模块主题，布置相关的任务和明确活动要求。

4. 课下学生准备：教师个性化指导

第一课时结束后，进入"学生准备"环节。此环节设置的必要性是考虑到学生的信息技术水平参差不齐，为保证课堂学习活动能够有效开展，教师需要为不同信息技术水平的学生提供个性化的指导，并为学生提供课下学习资料和相关信息。这种个性化的辅导可以面向学生个人，也可以以小组的形式开展。

5. 教师讲解演示：结合任务情境，讲解演示信息技术操作方法

第二课时开始，教师需要在课堂上讲解演示活动所需的信息技术工具的使用方法，根据活动及作品要求，为学生提供指导，实现课程的学习目标。

6. 学生探究：发挥学生主体地位，体验协作过程

教师讲解演示之后，学生就可以开展活动了，这也是活动课的核心环节。在此过程中，教师需要明确任务内容和要求，并为学生提供活动建议和指导。学生根据任务要求，分配自主探究和小组探究的时间比例，教师在一旁进行辅导，把控课堂纪律，保证活动的有效开展。

7. 学生展示：鼓励学生交流表达，强化学习体验

学生展示环节，形式比较灵活，个人探究任务可以采用自主报名展示的方法，小组探究任务可以采用小组代表展示和小组合作展示的方法。通过学生展示环节，可以达到分享学生学习作品、激发学生的学习兴趣和增强学生学习体验的教学效果。

8. 教学评价：教师梳理总结，学生总结反思

在评价环节，教师首先要对学生的展示进行考核和点评，尤其要注重对学生的参与情况进行评价，并为这一轮的主题探究做梳理总结。学生评价是为了调动学生的参与性，提高学生的反思意识。

三、混合学习实施

本研究结合初中二年级信息技术课程教学的具体内容"Office 软件操作"，

基于在线课程"数字化学习",设计了三个主题活动来开展混合学习的具体实施,即绘制思维导图、讨论"互联网带来的影响"、"我的数字化学习故事"(表5-1)。

表5-1 混合学习实施的三个主题活动设计

活动设计1(小组探究)
活动主题:绘制思维导图

活动目标:

1. 知识层次:掌握模块二知识点内容,并梳理出内容结构脉络。
2. 技能层次:熟练掌握 Word 和 PPT 中自选图形的制作技巧。
3. 情感层次:体验小组合作学习,培养学生的协作精神。

活动说明:

同学们,模块二"认识开放教育资源"的内容已经学习完毕,这个模块主要带领大家熟悉数字化学习方式及互联网上普遍可查的学习资源,相信你们对数字化学习已经有了比较全面的了解,那么就让我们趁热打铁,来回顾所学。请同学们制作一份模块二知识点的思维导图(思维导图运用图文并重的技巧,把各级主题的关系用相互隶属与相关的层级图表现出来,把主题关键词与图像、颜色等建立记忆链接)。

制作工具:

请借助 Word 或 PPT 来制作思维导图(要求用到自选图形和图片插入的功能,并为对象调整布局选项和图层。)

作品要求:

思维导图条理清晰、图文并茂、内容简明扼要。

活动建议:

建议以小组为单位,要求每一个组交一份思维导图作品,作品中标注清楚每组的具体分工,分工角色包括组长(负责分工、监督管理、作品收集、上交、团队沟通)、材料收集者(负责互联网资源的查找,如具有说明性、代表性的图片,用来修饰思维导图的文字信息)、知识梳理者(分别对模块中的课程内容的视频、数字化学习小知识和小故事进行知识点的梳理)、导图制作者(负责最终成果的制作与实现)。

活动设计2(小组讨论)
活动主题:讨论"互联网带来的影响"

活动目标:

1. 知识层次:掌握互联网的概念和内涵。
2. 技能层次:提升学生的语言表达能力,并熟练掌握汇报技巧。
3. 情感层次:体验小组合作。

	小组	探讨内容	举例参考
小组讨论主题分工	第一组	互联网对人类衣食住行中的"衣"产生的影响	淘宝购物
	第二组	互联网对人类衣食住行中的"食"产生的影响	外卖订餐
	第三组	互联网对人类衣食住行中的"住"产生的影响	酒店查询、网上预订酒店
	第四组	互联网对人类衣食住行中的"行"产生的影响	车次查询、百度地图的卫星导航、滴滴打车

续表

小组讨论主题分工	小组	探讨内容	举例参考
	第五组	互联网对学习的影响	网上交流、答疑 教材形式丰富，有情境感和代入感 免费的开放教育资源
	第六组	互联网带来的不良影响	网络暴力、网络安全问题、网络诈骗等
	第七组	我们该如何正确利用互联网	全国青少年网络文明公约 要善于网上学习，不浏览不良信息。 要诚实友好交流，不侮辱欺诈他人。 要增强自护意识，不随意约会网友。 要维护网络安全，不破坏网络秩序。 要有益身心健康，不沉溺虚拟时空。
学生展示		每个小组选取代表汇总小组讨论结果，并进行汇报。 汇报要求： 1. 声音洪亮，保证教室最后一排的学生都能听到。 2. 仪态端正，自信，自然大方。 3. 突出重点。演讲之前，要先梳理汇报的重点，选出汇报的关键词，汇报重点时，要注意强调和突出。	

学生打分

教师为每个学生发放汇报评分表格，学生有 80 分的评定比重，教师有 20 分的评定比重，学生评分准则中，小组踊跃参与的分值为 50 分，主要是为了鼓励学生积极参加，小组汇报内容好坏的分值为 30 分，教师的分值为 20 分，是为小组表现给出一个总体评价的分数。

你的姓名：		你的序号：	
小组	小组成员是否踊跃参加（满分 50 分）	讨论内容是否科学、条理清晰（满分 30 分）	选出你认为的最佳汇报者（1 名）
一组			
二组			
三组			
四组			
五组			
六组			
七组			

活动设计 3（个人探究）

活动主题：我的数字化学习故事

活动目标：

1. 知识层次：回顾网络课程"数字化学习"的知识内容。

2. 技能层次：熟练掌握 Word 排版、美化技巧和 PPT 中幻灯片制作、动画设计以及风格化处理技巧。

3. 情感层次：反思数字化学习过程，总结学习技巧和感悟。

活动环节一：

教师先教授学生作业要求中涉及的 PPT、Word 制作技巧。（机房课，方便学生操练）

活动环节二：

学生先撰写纸质的学习总结与反思，反思内容可以参考后面的"回顾"与"反思"内容。（课下，学生可以相互讨论）

活动环节三：

开设一次机房课，让学生完成成品制作，并提交作业。（机房课，学生自主完成，教师从旁辅导）

续表

回顾		我们是什么时候开展"数字化学习"这门网络课程的？是与什么课程进行整合开展的？开展之初，你对这门课程有什么看法？通过这一轮网络课程的学习，你对信息技术这门课有什么新的想法？
反思	谈谈你的收获	1. 数字化学习知识回顾 你最喜欢的模块是哪个？ 这一模块讲了什么知识点？ 你为何喜欢这一模块？
	谈谈你的学习体验	2. 在参与了网络课程学习之后，你觉得这种学习方式与之前有何不同？你觉得数字化学习这种方式对你将来的学习、生活有何影响？ 3. 说一说，你在学习网络课程过程中最大的阻碍是什么？有哪些阻碍是你自己可以克服的？你是否能主动去克服这些阻碍？是如何克服的？
	说说你的建议	4. 分享一下，你在学习网络课程过程中有哪些学习技巧和经验？并请你给以后要参与这门课程学习的同学提一些建议，帮助他们更快地适应这种学习方式
成品制作	建议用 PPT 或者 Word 来制作"我的数字化学习小故事"展报	PPT 制作要求： 1. 幻灯片数量保持在 10 张左右 2. 幻灯片整体设计美观、大方，整体设计中包括颜色、字体、字号、排版、艺术字等要素 3. 幻灯片模板中插入"开封市某中学校徽"（校徽图片去百度图片中通过关键词进行查找） 4. 幻灯片内容设计逻辑清晰，有目录树，每一小节结束有链接返回到目录页 5. 适当设计动画，如文字、图片的淡入和淡出效果等 6. 幻灯片插入合适的媒体文件，如图片、剪贴画、声音等 7. 幻灯片文件命名方式："班级+学号+姓名" Word 制作要求： 1. 文档运用了多种元素，如图形、图片、表格、文本框、分栏、艺术字、页眉和页脚、多种字体和段落格式等元素 2. 应用到图片、图形、艺术字、文本框的文字环绕、边框线或填充色、图片水印、组合等相关设置的使用 3. 内容完整健康，不少于 2 页，排版正确（纸型 A4） 4. 文件命名方式："班级+学号+姓名"

四、混合学习实施效果与反思

（一）学生的收获

　　混合学习实施后的调查结果显示，92%的学生认为基于在线课程的混合学习帮助他们开阔了视野，88%的学生认为提高了他们的信息素养和信息技术应用技能，86%的学生认为激发了他们对数字化学习的兴趣，80%的学生认为提高了其对于网上交流、协作的认可度。

　　除此之外，本研究团队还对参加课程学习的 8 名学生进行了访谈，学生反映在线课程的引入激发了他们对信息技术课程的学习兴趣、增长了学科知识、开阔了视野，通过参加混合学习活动，提高了信息技术应用技能和自主学习能力。例如，有学生谈道：

> 在此之前，我不知道互联网上有这么丰富的学习资源，现在我已经了解了如何找到这些资源。我原来不太重视这门课，觉得与其他科目相比，信息技术这门课没那么重要，通过这几次的学习，我对信息技术课程有了新的看法，不再轻视它了，而是把它当成一门很正式的课程来学习。

> 这样的学习让我们体会到了跟平时上课不一样的乐趣，学习方式更加灵活，提高了我们的积极性。我很喜欢这种既开放又灵活的学习方式，每次上课之前，我都会很期待下节课的学习内容。

（二）存在的问题与不足

学生在混合学习实施过程中仍然面临着如下问题：①学生自身的信息技术应用能力问题。部分学生由于在小学阶段没有学习过信息技术课程或很少有机会接触信息技术，导致信息技术应用能力相对较弱，在线上学习或活动的过程中会遇到技术操作困难，部分学生对在线课程平台的使用不熟悉。②网速问题。受到学校网络带宽条件的限制，尤其是在学习微视频的时候会出现卡顿现象，影响了学生的在线学习体验。③部分学生自主学习过程中的自制力和自我管理问题。一些缺乏自制力的学生（尤其是部分男生）在线上自主学习的过程中会受到与学习无关因素的干扰，忍不住上网玩游戏或通过 QQ 聊天，影响了学习任务的完成。

（三）教学改进建议

1）为学生提供在线课程的学习指导和学习指南。学生在校内指导教师的带领下开展线上自主学习，是混合学习实施的一个重要阶段。但一些学生在线上自主学习阶段会遇到许多问题，例如，由于不熟悉平台而迷航、不适应在线学习而无法完成自主学习任务等。我们建议实施在线课程的本地教师要加强对部分学生的学习指导和引导，通过学习辅导、学习指南等多种形式帮助学生规划线上自主学习的路径，管理自主学习的过程，提高线上自主学习的效果和学生的自主学习能力。

2）高校在线课程指导团队要及时为本地教师提供学生的学习过程数据，帮助本地教师及时了解学生的学习情况。由于"视像中国"在线课程平台功能的局限，目前尚无法跟踪和收集学生的个性化学习过程数据，建议高校在线课程指导团队通过多种途径为本地指导教师及时提供学生学习情况的反馈，使本地教师能够个性化地了解学生的学习进展情况，从而提高指导的针对性。

第二节 "区域-课程-增强混合型"——初中 "探索职业：航天"混合学习实施①

一、混合学习实施背景与设计

浙江省宁波市原江东区（今鄞州区）教育局自"视像中国"远程教育实践共同体发展的第一阶段，就一直是共同体的核心成员。为了更好地推进和实施共同体各项活动的开展，教育局下设了"视像中国"项目联络处。在区教育局多年的引领和支持下，越来越多的学校、教师和学生深度参与了实践共同体的多种活动，为在线课程混合学习实施奠定了基础。

宁波市原江东区教育局之所以能够积极推进"视像中国"在线课程混合学习的实施，其背景和需求之一是受到了浙江省基础教育课程改革政策的影响。为了满足区域基础教育课程改革的迫切需求，2015 年，《浙江省教育厅关于征求〈浙江省深化义务教育课程改革指导意见〉的通知》出台，将义务教育课程分为基础性课程和拓展性课程，其中拓展性课程是"指学校提供给学生自主选择的学习内容"。该文件要求"积极探索拓展性课程的开发、实施、评价和共享机制，体现地域和学校特色，突出拓展性课程的兴趣性、活动性、层次性和选择性，满足学生的个性化学习需求……每学年拓展性课程课时占总课时的比例：一至六年级 15%左右，七至九年级 20%左右"；在拓展课程的建设和实施

① 本节内容由"视像中国"实践共同体核心成员、宁波市鄞州区教育局督导室许波老师提供，在此表示感谢。

方面，要"加强与高中、科研机构、社会团体、行业企业、社会实践基地的合作，统筹利用校内外课程资源开发与实施拓展性课程……积极推进基于现代教育技术和网络教育资源的新型教学模式，创设有利于个性化学习的开放性学习环境，促进信息技术和课堂教学的深度融合"[①]。因此，为了应对拓展课程建设的现实需求，宁波市原江东区教育局依托"视像中国"远程教育实践共同体的系列中小学在线课程，采用学科融合、课程整合的策略，有效地将在线课程应用与学校拓展课程建设相融合，解决了因拓展课程建设和开发需求而面临的教材、教师、资源不足等问题。

宁波市原江东区"视像中国"共同体学校是"视像中国"在线课程的第一批应用学校，自 2015 年秋季开始探索基于在线课程的线上线下混合学习实施的有效方式。经过多轮实施和不断的总结、完善，至 2017 年已经初步形成了体现拓展课程特色的在线课程线上线下混合学习模式。[②]

"探索职业：航天"是在"视像中国"远程教育发展中心的支持下，河南大学研究团队与上海航天技术研究院合作，为初中生开设的科普类职业生涯规划在线课程，课程于 2015 年秋季学期上线。课程依托青少年初识航天领域和相关职业的视角，选择青少年感兴趣的内容，对相关内容进行了模块化设计，包括走进航天、走近航天人、认识太空飞船、认识导弹、认识火箭、认识卫星和探索航天未来 7 个模块，采用在线自主学习、班级（小组）集体学习、网上实时讲座、研讨等多种形式，旨在引领初中生了解和探索航天职业，学习和感受航天精神。按要求完成课程的学生将会获得电子证书，开课时间共 9 周。

宁波市鄞州区某中学在 2017 年秋季学期，依托"探索职业：航天"在线课程，在初一年级以拓展课程的方式开展校本混合学习。课程采用学生自愿报名的方式，混合学习环境为"视像中国"在线课程平台和学校的计算机专用教室。在混合学习的实施类型上，该案例属于本书提出的基于实践共同体的"视像中国"中小学在线课程混合学习本土化实施框架中的"区域-课程-增强混合型"模式（图 5-5）。

---

① 浙江省教育厅. 2015-03-20. 浙江省教育厅关于征求《浙江省深化义务教育课程改革指导意见》的通知[EB/OL]. http://jyt.zj.gov.cn/art/2015/3/20/art_1532993_27483936.html[2021-09-19].

② 许波. 中学生网络课程混合式学习实践探索——以视像中国网络课程为例[J]. 宁波教育学院学报，2018（1）：111-115.

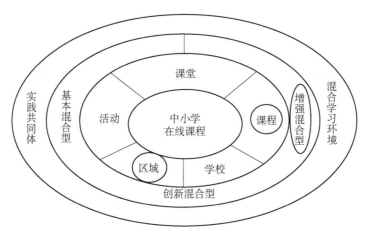

图 5-5 "区域-课程-增强混合型"的校本混合学习实施框架

二、在线课程混合学习设计

(一) 在线课程混合学习目标

该课程的学习目标分为低阶目标和高阶目标。

1. 低阶目标

学习相关航天知识,了解航天职业。

2. 高阶目标

1) 通过基于资源的学习,自主收集、筛选相关资料,进行交流、展示、汇报,培养学生的信息收集和处理能力。

2) 通过思维导图和鱼骨图的制作,培养学生思维的连续性和深刻性。

3) 通过线上线下混合学习,让学生在体验网络学习的同时,培养学生的自主学习及探究能力。

(二) 在线课程混合学习实施流程设计

该年级共有 25 名初一学生通过自愿报名的形式参加在线课程学习,这些学生中 50%左右的学生已经具有一定的网络学习经历,平时上网主要用于搜索/查询信息、学习和看新闻,具备了一定的完成在线课程学习所需的信息素养和自主学习能力。88%的学生是因为对航天感兴趣而选择了此门在线课程的学习,70%的学生希望在学习网络课程的同时,能够提高自己的信息技术应用能力，59%的学生希望通过本门网络课程的学习，来体验不同于传统课堂的学习方式，感受来自网络学习的魅力。混合学习的实施流程如图5-6所示。

"视像中国"远程教育发展中心发布在线课程介绍和选课通知

区域项目联络员及学校指导教师组织学生选课报名，组建在线课程班级，创设学习环境，准备学习资源

本地指导教师带领学生做好线上线下混合学习的准备：
  1. 组建合作学习小组
  2. 邀请高校课程团队开展远程讲座"如何做一名成功的网络学习者"
  3. 对学生进行在线学习平台使用和思维导图制作等方面的线下培训

本地教师带领学生开展线上线下混合学习：
  1. 为学生准备、发放模块学习单
  2. 学生自主学习在线课程内容，完成相关线上测验和讨论区活动，完成模块学习单；小组内分享模块学习收获，制作小组的模块学习思维导图
  3. 邀请高校课程团队及行业专家进行线上指导、讲座、答疑
  4. 以小组为单位进行模块学习总结和汇报

本地教师带领学生进行课程学习总结：
  1. 带领学生参加在线课程的线上期末考试
  2. 开展课程评价和学习总结，完成课程学习反思
  3. 邀请课程学习优秀的学生参加香港暑期夏令营或航天研学活动

图5-6　混合学习的实施流程

（三）课程考核方式

该课程的学习评价成绩分为6个部分，即课堂表现（30%）+模块测试（20%）+观看视频（10%）+在线讨论（20%）+课程总结（10%）+期末测试（10%），90分以上为优秀，50分以上为合格，学生在线课程的学习成绩将会被记录到其本学期拓展课程成绩中。

三、混合学习实施

（一）本地教师组建校内线下学习小组，邀请高校课程团队提供线上学习指导

参与航天网络课程学习的学生来自不同班级，具有一定的异质差异，因此在具体组织管理中采用小组合作的方式进行。首先，将25名学生分成5组，

在第一节课开展破冰活动,通过互相介绍、推选组长、设计组名、制作小组名片等多种活动形成学习小组,为接下来的小组活动做准备。在课程学习初期,邀请高校课程团队通过视频会议讲座的形式,使学生了解和熟悉在线课程的特点及在线学习方式,帮助学生尽快适应在线课程这一新型学习方式。

(二)基于课程模块的混合学习整体设计与实施

1. 学生根据自己的步调自主学习在线课程内容

在观看微视频、学习相关模块内容的基础上,学生进行知识的梳理和归类,完成在线课程的模块测试和模块讨论。

2. 借助"模块学习单"进行自主学习

在课程实施的过程中,本地指导教师发现,在线课程每个模块中的内容主要以微视频的形式呈现,其优势在于可以吸引学生的注意力,提高学生的学习兴趣,不足之处在于如果只是观看微视频,不动笔,就很难将知识内化,学生看过后很容易就忘了。因此,在学生自主学习的过程中,教师还提供了结合思维导图和鱼骨图应用的"模块学习单"(图5-7),为学生的线下学习提供支架,帮助学生将思维的过程可视化和可操作化,促进学生的深度思考和知识建构。

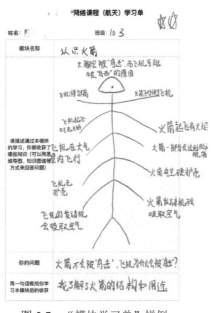

图5-7 "模块学习单"样例

3. 学生交流展示

每个模块学习结束后，利用 10 分钟时间开展小组交流，由每个小组派代表交流在模块学习中的收获。课堂中的展示与表达交流促进了学生将所学知识进行内化，形成了自己的知识体系，促进了高阶目标的达成。

4. 航天专家远程讲座

为了让学生对太空飞船这个模块有更深入的认识和了解，在在线学习的基础上，本地教师还邀请上海航天技术研究院太空飞船专家远程为学生上课。航天专家为学生讲解了我国航天技术的发展过程，介绍了我国载人航天技术发展过程中的一些故事，这样的远程同步课堂深受学生欢迎。

（三）学习总结和航天专家的远程答疑

完成期末测验后，师生共同进行课程学习的回顾与总结，同时邀请上海航天技术研究院专家远程解答学生在线学习过程中提出的问题。通过一个学期的在线课程学习，学生在学习的过程中产生了许多疑问，学生将疑问填写在模块学习单上，或写在在线课程的模块讨论区中。在学期结束前，本地教师对问题进行统计和整理，梳理出若干共同的问题，邀请航天专家远程进行解答。来自上海航天技术研究院的火箭设计师为学生远程答疑，学生纷纷参与到线上讨论中，气氛非常热烈，大大激发了学生的学习兴趣。

四、混合学习实施效果

（一）在线课程完成率达到 100%

该课程被纳入了所在学校的拓展课程中，有了充分的时间保证，一个星期能够完成一个模块的学习。学生自主在线上完成相关学习任务，线下采用思维导图、模块学习单等多种形式迁移所学知识，同时线上检测学习效果。与过去单纯的线上自主学习相比，纳入了校内拓展课程的混合学习，为学生的线上学习时间提供了保证，确保每个学生在拓展课程中都能完成模块学习，课程完成率达到了 100%。

（二）变革了学习方式，提升了学生的自主学习能力

混合式的在线课程学习方式改变了传统的课堂教学模式，这种学习方式更加体现了学生的自主性，培养了学生的自主学习能力及自我管理能力。有学生在课程学习反思中写道：

> 在"探索职业：航天"这门网络拓展课中，我们在课堂上是以自主学习为主，老师主要是起辅助作用。这种不受拘束、独立的学习方式，激发了我的学习兴趣，从而让我更自主地接受知识。它不仅让我和各地同学在网络这个虚拟的平台上进行交流、探讨学习，还促进了我与老师之间实质性、高效的交流和互动。

课程学习之后的问卷调查表明，几乎所有学生都已经适应了这样的新型学习方式，并且希望能够将这种学习方式运用到其他课程的学习之中。

（三）培养了航天兴趣，感受了航天精神

通过8周的课程学习，许多学生从懵懵懂懂到喜欢上在线课程，喜欢上航天这个陌生的职业领域。例如，有学生在课程总结中写道：

> 在未参加这门课程之前，我一直觉得航天离我们很遥远，学习了之后，才发现原来航天与我们的生活息息相关，如每天的天气预报就依赖于卫星观测的结果。这一学期结束了，我彻底爱上了航天，如果有机会，下学期我还会选择这种既有意思又让我受益匪浅的课程。

通过在线课程的学习，学生不仅收获了航天知识，更是被航天人的爱国、敬业、奉献精神鼓舞，航天英雄成为学生学习的榜样。有学生写道：

> 过去我们只认识飞入太空的宇航员，却不知道设计、制造太空飞船和载人火箭的科学家，他们也是中国航天史上的英雄。虽然我们是中学生，但是我们要像航天人一样向着自己的梦想努力！向前进！

第三节 "课程—创新混合型"——小学民族 理解类在线课程项目式混合学习实施[①]

一、混合学习实施背景与设计

"视像中国"远程教育实践共同体开发和上线了面向中学生的信息素养类及生涯规划类在线课程后，2017 年，又针对共同体小学高年级学生的在线课程学习需求，上线了民族理解类在线课程。

"民族理解：佤族"于 2017 年春季学期上线，包括走进古老的阿佤山寨、佤族的习俗和节日、佤族的服饰、佤族歌舞、佤族美食及到阿佤山去旅游 6 个模块，旨在使学习者认识中国 56 个民族中的佤族，了解佤族的风俗和文化，从多元文化视角理解和尊重不同民族的文化，培养学生的民族理解能力，提高学生的信息素养；"民族理解：白族"于 2017 年秋季学期上线，包括走近白族、白族的习俗和节日、白族的服饰、白族的美食和到大理去旅游 5 个模块，旨在使学习者认识中国 56 个民族中的白族，了解白族的风俗和文化，从多元文化视角理解和尊重不同民族的文化，培养学生的民族理解能力，提高学生的信息素养。

民族理解类在线课程的使用者——郑州市二七区某小学，其前身是一所具有 70 年发展历史的城中农村小学，2017 年 8 月完成改扩建，80%的生源为郊县进城务工人员子女。作为一所改建学校，该校在教育局的支持下投入了大量资金优化校园局域网，实现了无线网络全覆盖，建成并投入使用能满足 60 余名学生同时进行在线课程学习、支持小组合作学习的计算机教室和电子阅览室，具备了较为良好的在线教学基础环境。然而，教师配备不足、教师教学能力不足、优质课程资源不足等问题，影响了学校多样化校本课程体系的建设。在本研究团队的建议和引领下，该校自 2017 年加入了"视像中国"远程教育实践共同体，参加了实践共同体的远程读书活动、教师线下培训及远程教育年

[①] 本节内容参考了如下文献：周昱希. 基于在线课程的小学项目学习实施研究——以"民族理解类在线课程"为例[D]. 开封：河南大学硕士学位论文，2019（指导教师为梁林梅教授）.

会等，同时引入适合小学生学习的民族理解类在线课程，以校本社团课程的方式开展线上线下混合学习探索。

该校选择了小学生民族理解系列的"民族理解：佤族""民族理解：白族""民族理解：哈尼族"三门课程，在五年级和六年级学生中率先开展在线课程学习。经过两年多的在线课程实践探索，其经历了从以校内线上集中学习为主的简单混合到项目式混合学习的创新性实践探索发展历程。

（一）第一轮：校内集中线上学习阶段

在 2017 年秋季学期课程首次实施的第一个阶段，该校考虑到小学生的学习特点、自主学习能力及所在区域的学生家庭条件情况，采用了由教师推荐与学生自愿报名相结合的方式，选取五、六年级 3 个班级中较优秀的 34 名学生，以社团活动的形式开展在线学习，学习内容为"民族理解：佤族""民族理解：白族"。该校专门为在线课程社团配备了辅导教师团队，辅导教师为 3 个班级的班主任和一些对课程内容感兴趣的任课老师，并安排每周五上午在计算机教室和电子阅览室进行集中自主学习。

学生和教师均是初次接触在线课程，对在线课程平台、在线学习方式、学习步骤都处在探索阶段，此轮课程的实施采取以学生线上自主学习为主的形式。在教学过程中，教师的主要任务是向学生明确本课程的学习内容、学习目标、评价任务，对学生学习中遇到的问题进行解答，对设备使用中遇到的问题进行指导，督促学生完成线上讨论活动和线上作业。学生在每周规定的课程学习时间内完成模块内容。由于学生对在线课程平台不熟悉，课程学习时间与学校一些活动时间安排存在冲突等问题，在线课程的学习时间由原来的 9 周延长至 12 周，但课程的完成率为 100%，其中有 16 名学生获得优秀证书。

（二）第二轮：引入线上线下混合学习，初步尝试与相关学科的融合

经过第一轮的课程实施之后，在线课程的辅导教师团队和学生对在线课程平台及在线课程的基本学习模式已经较为清楚，学生也能够在没有教师辅导的情况下独立完成线上课程内容的学习。在经历了第一轮的课程实施之后，教师对在线课程的校本学习方式有了自己的思考和反思。他们发现，单纯的线上学

习还只是停留在对简单知识的了解上，虽然学生的信息素养和自主学习能力都有了一定的提升，但是对于课程内容的理解只是达到了初步了解的浅层目标。为了能够使学生对课程内容有更深层次的理解，该校学习和借鉴了佛山市南海区里水镇旗峰小学的校本混合学习经验，在高校研究团队的帮助下，本地教师团队通过多次研讨和交流，听取高校专家的建议，设计出符合所在地区学校学生实际的线下学习活动，尝试采取线上线下混合式的学习方式。高校团队入校对学生进行在线学习和思维导图的培训，并带领本地教师团队设计了线上课程学习结束后的线下总结汇报活动。

在第二轮课程学习的前半段，主要采取的是学生线上自主学习、教师辅导的形式。因为学生对课程平台和课程结构较为熟悉，学习过程比较顺利，在课程计划内完成了线上内容的学习。在接下来的课时中，教师根据所教学科（语文、美术、音乐等）选取擅长的模块，开展简单的线下活动，例如，少数民族建筑艺术欣赏、婚俗礼仪讨论、食俗礼仪学习、白族电影《五朵金花》欣赏、白族扎染手工体验等。本地教师通过形式多样的线下活动弥补在线学习的不足，引导学生探究多元的民族文化，提升在线学习效果。之后，教师根据学生的学习兴趣组建专题活动小组，并制作专题思维导图，涉及的专题有民族服饰、民族风俗、民族建筑、民族美食、民族景点等。小组探究活动结束后，进行成果交流与展示活动，并开展同伴评价，对各个小组的作品进行打分。

这种新型的线上线下混合学习形式不同于传统课堂，课程内容和学习方式都比较新颖，学生对课程学习的积极性很高，完成度也较高。例如，有本地指导教师谈道：

> 学生的兴趣很高，这也证明其实他们并不是很喜欢每天坐在教室里单纯地听老师讲解，这种一边听一边看，还能参与线上讨论的学习方式挺好的，他们可以根据自己的喜好选择自己感兴趣的学习方式和内容。

> 相比在传统课堂中的学习，学生的积极性会更高一些，混合学习的优势还是挺明显的。我认为在观看视频之后立即组织学生讨论是比较好的，刚开始我们只是单纯地看视频，但现在会及时地进行一些讨论和交流，刚看完印象比较深刻，想法比较多，所以还是要在看完视

频后多留一些讨论和交流的时间。

（三）第三轮：引入项目式混合学习

在对第二轮的课程实施情况进行总结和反思之后，为了促进混合学习的深度实施，在高校研究者的帮助下，本地教师团队引入了项目学习的方式，并开展了项目式混合学习的深度探索。

本研究团队和该校本地在线课程指导教师团队合作，于2018年10月—2019年1月以小学五年级学生为对象，依托"民族理解：佤族""民族理解：白族"，在社团课程中以"制作研学旅行手册"为项目主题，开展了项目式混合学习的实践探索。与本书第五章第二节中宁波市鄞州区合作学校的选课方法相类似，该课程同样采用了学生自愿报名的方式，混合学习环境也是"视像中国"在线课程平台和学校的计算机专用教室。在混合学习的实施类型上，该案例属于本书提出的基于实践共同体的"视像中国"中小学在线课程混合学习本土化实施框架中的"课程-创新混合型"实施模式（图5-8）。

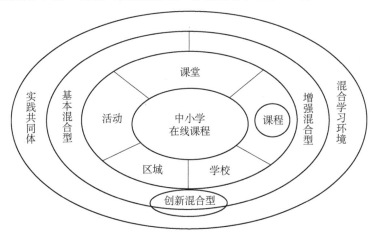

图5-8　"课程-创新混合型"的校本混合学习实施框架

二、基于在线课程的项目式混合学习实施模式构建

在已有研究的基础上，结合"视像中国"在线课程混合学习实施的已有基础和实践经验，本研究首先初步构建了基于在线课程的项目式混合学习实施模式（图5-9），包括项目学习目标分析、项目准备、项目设计、项目实施、项目

评价、学习环境与工具 6 个要素。

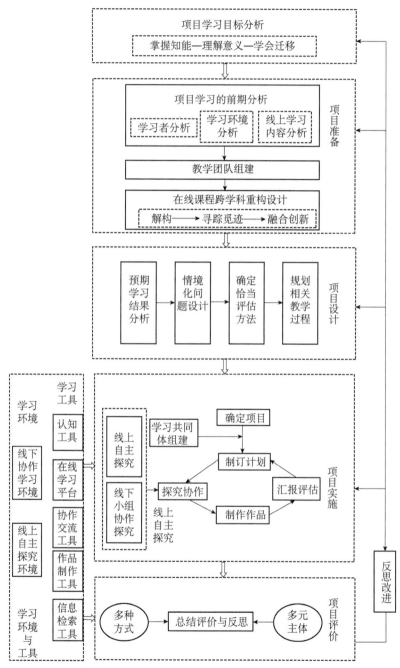

图 5-9 基于在线课程的项目式混合学习实施模式

三、项目式混合学习实施过程

2018 年秋季学期，本地教师团队采取学生自愿报名的方式组建了五年级的民族理解在线课程学习社团，共有 30 名学生参加课程学习，项目学习的主题为"制作研学旅行手册"，学习时长为 11 个学时。这些学生在四年级时均已经具有至少一门"视像中国"在线课程的学习经历，其中 90% 的学生选择在线课程是因为对课程内容感兴趣，53.3% 的学生是为了体验网络课程的学习经历。学生对在线课程的微视频以及富文本形式的小知识比较感兴趣，但是普遍反映课程学习时间不够，课程学习过程中缺乏交流和互动，期望教师能够加入线下的交流互动活动。学生的校内混合学习环境为学校的计算机专用教室，涉及的学习资源包括纸质资料和电子资料。学生除了学习教师提供的课程相关资源，还可以通过网络查找与项目作品制作相关的资源。

"制作研学旅行手册"项目式混合学习的活动流程及课时安排，如表 5-2 所示。

表 5-2　"制作研学旅行手册"项目式混合学习的活动流程及课时安排

课时	学习活动流程	工具与资源	学习环境
1.0	确定项目	电脑、白纸	计算机教室
0.5	制订计划	"视像中国"在线课程平台讨论区、电脑	计算机教室
6.5	探究协作	"视像中国"在线课程平台、PPT 课件、白纸、彩色笔、扎染制作工具、电脑	计算机教室 民族理解课程活动教室
2.0	制作作品	白纸、彩笔	计算机教室
0.5	汇报评估	电脑、投影仪、作品	民族理解课程活动教室
0.5	总结评价与反思	学生作品	民族理解课程活动教室

另外，项目式混合学习的评价采用量规评价、客观测验题、表现性任务（制作"研学旅行手册"）等多种方法（表 5-3），其中表现性任务（制作"研学旅行手册"）的具体评价方式如表 5-4 所示。

表 5-3　项目式混合学习的多种评价方法

评价方法	评价对象	评价主体
量规评价	计划书评价	教师
量规评价	设计方案思维导图评价	教师
客观测验题	项目主题掌握评测卷	教师
表现性任务	研学旅行手册	教师、小组成员 （小组互评、小组自评、教师评价）

表 5-4　表现性任务（制作"研学旅行手册"）的具体评价方式

项目	评价方式	所占比例/%
形成性评价	计划书评价	20
	设计方案思维导图评价	20
总结性评价	项目主题掌握评测卷	30
	"研学旅行手册"评价	30

（一）了解研学旅行，制订研学计划

在让学生了解了什么是研学旅行以及本项目的研学主题（"制作研学旅行手册"）之后，需要进一步分析学生依据哪些工具开展研学旅行，阐明研学旅行手册的结构与作用，制订详细的项目作品完成计划，如表 5-5 所示。

表 5-5　"计划书"评价量规

等级	A	B	C
内容描述	计划安排合理、高效，分工明确并且具有针对性	计划的安排比较合理、高效，分工比较明确，比较有针对性	计划的安排基本合理、高效，分工基本明确，基本具有针对性

这一阶段是将白族文化、佤族文化和"研学旅行手册"设计融合的衔接和过渡阶段，通过对研学旅行案例的分析探讨，设计"研学旅行手册"的模块结构，并思考每个模块的作用。在教学方法上，教师为学生提供了研学旅行详细案例——清华大学附属中学"走进圆明园"课程。由教师分配小组，一组 6~7人，学生自主讨论"研学旅行手册"的模块结构和作用，根据讨论结果确定本小组设计的"大理（白族）研学旅行手册"或"沧源（佤族）研学旅行手册"的内容框架，根据初步的设计结果进行任务的分工，规定进度安排。在具体实施的过程中，教师要给学生更多的自主探究的空间，让学生在头脑风暴的过程中形成自己的观点，在探究的过程中共享观点。然后，学生根据自己的初步设计考虑个人优势进行合理分工，确定任务的时间计划，使探究活动能够有计划地开展。

（二）探究协作：开展网上探究和线下作品构思

探究协作阶段是项目学习实施的关键阶段，分为线上探究和线下作品构思两个部分。首先，学生通过在线课程的学习了解项目主题白族文化和佤族文化的相关内容，为作品内容的选择提供支撑。除此之外，小组成员也能够通过网络查找相关的资源。线下作品制作要求小组通过合理分工、协作交流逐步完成项目探究的初期任务——设计。在设计过程中，学生开展搜集资料、汇总资料、筛选资料、共享资料等活动；教师引导学生利用思维导图的形式对研学旅行手册的模块内容设计进行优化，逐步形成更为详细的设计方案，为作品的制作做充分的准备。为了检验学生对线上探究任务的完成情况，教师可以利用在线课程平台开展线上考试，及时发现线上学习过程中的问题和不足。学生探究协作的具体过程，如表 5-6 所示。

表 5-6　探究协作阶段教学过程

课时	学习内容	活动形式	学科具体应用情景	教师活动	学生活动
1	白族、佤族起源与地域条件	在线课程学习，"说地区"活动	地理位置的描述、路程费用计算、网上查找资料与汇总信息	指导学生进行在线学习，开展"说地区"讨论活动	在线学习模块内容，参与讨论
1	白族、佤族习俗与传统节日	在线课程学习，思维导图制作活动	研学项目梳理、研学活动设计	指导学生进行在线学习以及制作思维导图，让学生画思维导图	在线学习模块内容，绘制思维导图
1	白族和佤族的服饰、美食、建筑	在线课程学习，"画出不同"活动	研学项目梳理、研学活动设计	指导学生进行在线学习，引导学生比较白族、佤族和汉族三个民族在衣食住行上的异同	在线学习模块内容，利用思维导图总结三个民族在衣食住行上的异同
2	白族和佤族的歌舞、非物质文化遗产等	在线课程学习，学习歌舞活动、手工制作扎染	研学项目梳理、研学活动设计	指导学生进行在线学习，教学生唱少数民族歌曲，带领学生制作白族扎染	在线学习模块内容，学习少数民族歌曲，小组合作制作扎染
1	白族和佤族的旅游景点介绍	"我是小小导游"活动	模拟职业（导游）、演讲、行程规划	指导学生进行在线学习，组织学生开展"我是小小导游"活动	在线学习模块内容，撰写导游词，进行汇报演示
1	设计方案制作	小组协作活动		教师指导学生讨论和设计方案，并及时帮助学生解决遇到的问题，为学生提供资源和工具	学生通过小组讨论完成"研学旅行手册"的设计方案

（三）制作作品：制作研学旅行手册

学生完成了自己心目中的研学旅行手册的总体设计，那么如何以作品的形式将设想变为成品呢？这是一个需要同伴协作、各自发挥所长的过程。因此，这一环节的另一个重点就是让学生学会沟通、合作学习、有责任感，能够主动承担自己擅长的工作，最终完成作品。

（四）汇报评估：汇报评估研学旅行手册

经过前面几个阶段的学习，学生都出色地完成了"制作研学旅行手册"的任务，这一阶段的汇报演示将为学生提供充分的机会，展示学生完成项目学习之后形成的作品，如手册的基本内容、每部分内容设计的意图等。除此之外，教师还将对小组探究性学习的过程做简要说明，如小组如何分工、如何查找资料、如何制作作品、在项目学习的过程中遇到了哪些问题及如何解决。这一阶段的目的在于全方面、真实地呈现学生在项目学习中的学习状况和创作过程，为下一阶段的多元化学习评价提供依据。学生汇报评估阶段的评价量规如表 5-7 所示。

表 5-7　学生汇报评估阶段的评价量规

评价指标（权重）	优秀（0.8 以上）	良好（0.6—0.8）	需要改进（0.6 以下）	自评	互评
协作学习（6分）	小组成员均积极参与作品制作，协作互动十分密切	小组成员较为积极地参与作品制作，协作互动一般密切	小组成员互动不太密切，成员被动参与		
内容设计（18分）	设计新颖，主题突出，内容完整且呈现形式多样，颜色、图片搭配十分合理，非常具有吸引力	设计普通，主题较为突出，内容较为完整，颜色、图片搭配较为合理	主题较为突出，内容呈现形式比较单一		
展示姿态（6分）	表达清楚，说话流利。能够沉着、自信地完成汇报，汇报过程中能够以其他内容作为辅助进行汇报，与其他小组成员有互动	表达清楚，说话流利，能够沉着、自信地将作品进行展示汇报	表达不太清楚，仅仅能够完整地将作品的成果进行展示汇报		
总分					
自评评语					
互评评语					

四、项目式混合学习的实施效果评价

（一）学生学习结果分析

1. 学生问卷调查结果分析

（1）项目学习内容和活动层面的描述性分析

如表 5-8 所示，学习者对项目学习的内容有极高的兴趣（M=4.90），肯定了在线课程能够帮助他们了解项目主题（M=4.80），认为通过开展"制作研学旅行手册"的项目可以让他们对少数民族有更进一步的了解（M=4.87）。对于学习内容的设计，除了"制作研学旅行手册"项目的说明（M=4.27）的平均分低于 4.5 分，其他内容的平均分均在 4.5 分以上，这说明学生对于学习内容的设计是比较满意的。他们印象最为深刻的活动是"体验扎染"（M=4.80）和"思维导图制作"（M=4.83）。

表 5-8　项目学习内容和活动层面的描述性统计

题目	N	M	SD
1. 我觉得项目学习的内容很有趣	30	4.90	0.305
2. "制作研学旅行手册"项目内容设计清晰明确	30	4.27	0.583
3. 在线课程内容能够帮助我了解"制作研学旅行手册"项目	30	4.80	0.407
4. 我确实通过"制作研学旅行手册"项目的开展对少数民族有了更进一步的了解	30	4.87	0.346
5. 我通过扎染的制作对民族文化有了更深刻的了解	30	4.82	0.461
6. 我通过思维导图的制作对民族习俗和节日有了更清晰的认识	30	4.50	0.572
7. 我通过学习《阿佤人民唱新歌》，对佤族的民族音乐有了更深刻的了解	30	4.67	0.661
8. 我对手工制作少数民族服饰印象深刻（扎染）	30	4.80	0.407
9. 我对"研学旅行手册"制作活动印象深刻	30	4.67	0.547
10. 我对展示汇报环节印象深刻	30	4.67	0.547
11. 我对思维导图制作活动印象深刻	30	4.83	0.379
12. 我对学习少数民族民歌活动印象深刻	30	4.60	0.498

（2）项目学习评价的描述性分析

在对项目学习评价方面，学习者对于项目学习的评价平均分均高于 4.5 分。他们表示非常喜欢和大家一起合作完成任务，相较之前的上课形式，更加喜欢项目学习的方式，所以也愿意将这门校本课程推荐给其他同学（表 5-9）。

表 5-9　项目学习评价的描述性统计

题目	N	M	SD
28. 我喜欢与大家一起合作完成任务	30	5.00	0.000
37. 相比之前的上课形式，我更喜欢项目学习的方式	30	4.70	0.596
38. 我觉得项目学习的效果不错	30	4.83	0.379
39. 我会向同学推荐这门校本课程	30	4.63	0.556

（3）项目学习兴趣的描述性分析

在表 5-10 中，学生表示喜欢开展"制作研学旅行手册"项目来帮助自己进一步了解少数民族文化（$M=4.73$），并且开展项目学习更能激发自己的学习兴趣（$M=4.80$）。

表 5-10　项目学习兴趣的描述性统计

题目	N	M	SD
35. 我喜欢开展"制作研学旅行手册"项目来帮助自己进一步了解少数民族文化	30	4.73	0.450
36. 开展项目学习更能激发我的学习兴趣	30	4.80	0.484

（4）项目学习结果的差异分析

本研究借助于独立样本 t 检验的方法，来了解学生通过项目学习在信息素养、理解能力和协作学习能力三个方面的变化情况，分析结果如表 5-11 所示。在协作学习能力方面，不同性别的学生之间存在显著性差异，男生的协作学习能力要高于女生。在信息素养、理解能力方面，男女生不存在显著差异，但通过比较平均值发现，男生的信息素养水平（$M=4.7272$）高于女生（$M=4.3508$），女生的理解能力（$M=4.5614$）高于男生（$M=4.1818$）。

表 5-11　项目学习结果的差异分析（性别）

内容	性别	M	SD	t	p
信息素养	男	4.7272	0.4670	0.383	0.705
	女	4.3508	0.6331		
理解能力	男	4.1818	0.4075	1.715	0.097
	女	4.5614	0.4148		
协作学习能力	男	4.7424	0.2022	−2.430	0.022*
	女	4.7017	0.3791		

注：* $p<0.05$，** $p<0.01$，*** $p<0.001$。下同

在学生的信息素养方面，来自城市和来自农村的学生之间存在显著差异，城市地区学生的信息素养水平高于农村地区学生的信息素养水平；城市学生和农村学生在理解能力和协作学习能力方面没有显著差异，但城市学生的理解能力和协作学习能力的平均分都略高于农村学生（表5-12）。

表 5-12 项目学习结果的差异分析（城市与农村）

内容	地区	M	SD	t	p
信息素养	城市	4.7436	0.5632	2.164	0.039*
	农村	4.2941	0.5638		
理解能力	城市	4.4872	0.3994	0.692	0.495
	农村	4.3725	0.4842		
协作学习能力	城市	4.7692	0.3158	0.776	0.444
	农村	4.6765	0.3306		

另外，学生家里是否可以上网以及在家是否学习过在线课程，对学生理解能力的影响存在显著差异，但是对信息素养和协作学习能力的影响并无显著差异。能够在家里上网并且学习过在线课程的学生，其理解能力要显著高于那些在家不可以上网或者没有在家学习过在线课程的学生，如表5-13和表5-14所示。

表 5-13 项目学习结果的差异分析（家里是否可以上网）

内容	家里是否可以上网	M	SD	t	p
信息素养	可以	4.5000	0.6120	0.375	0.711
	不可以	4.3333	0.4714		
理解能力	可以	4.4722	0.4042	2.498	0.019*
	不可以	3.7222	0.5500		
协作学习能力	可以	4.7143	0.3329	−0.149	0.883
	不可以	4.7500	0.1179		

表 5-14 项目学习过程的差异分析（在家是否学习过在线课程）

内容	在家有没有学习过在线课程	M	SD	t	p
信息素养	有	4.5952	0.5259	0.908	0.372
	没有	4.3958	0.6579		
理解能力	有	4.6429	0.4139	2.824	0.009**
	没有	4.2292	0.3880		

续表

内容	在家有没有学习过在线课程	M	SD	t	p
协作学习能力	有	4.7738	0.3435	0.906	0.373
	没有	4.6667	0.3043		

2. 学生课程学习成绩分析

与学生四年级下学期的在线课程学习成绩相比，五年级上学期学生采用项目式混合学习之后的平均学习成绩有所提升，而且优秀率也由过去的 40%提高到 63%，如表 5-15 所示。

表 5-15　学生课程学习成绩统计

学期	M	最大值	最小值	优秀率/%	合格率/%
四年级下学期	85.22	97	69	40	60
五年级上学期	89.62	100	70	63	37

（二）教师访谈分析

教师认为，引入项目学习这种新的学习方式，使得在线课程的内容和形式更加生动活泼，学生之间的互动增强，学生的学习积极性有了很大提高，线下活动与线上课程内容的联系更加密切。

> 线下实践活动和前期的线上学习能够很好地融合在一起，促进了学生对线上所学知识的迁移和应用。

通过小组探究完成作品的形式，许多学生能够真正地参与并发挥自己的优势，提高了自身的协作能力。有学生说：

> 因为最终需要以小组为单位进行作品展示，并进行组与组之间的评价，同时还有奖励，所以一些以前比较内向的学生在制作作品的过程中也愿意主动承担一些任务，并尝试在小组讨论的过程中表达自己的观点，他们的想法确实是比我多。

教师表示，项目学习不仅充分调动了学生学习的积极性，学生能够主动参与、协作探究，自己也对教学有了新的认识。有教师说：

> 首先，利用思维导图进行内容总结，能够加深学生对课程内容的

理解，也能够培养学生的发散思维。在这学期的期末语文考试中，就出现了解读思维导图的题目，因为选择民族理解课程的学生学习并使用过思维导图，所以在答对的学生中，上过民族理解课程的学生占了多数，这是我们感到比较意外的。其次，项目学习的教学方法使民族理解中的"理解"真正落到了实处。最后，我觉得项目学习对于语文教学有很好的推动作用，因为语文课程中情境化的内容很多。这学期结束之后，我要好好地研究一下项目学习。

同时，本地教师也对项目实施的改进提出了自己的建议，认为应该根据学校的各种活动更加灵活地安排学生的线下活动时间，以确保既不增加学生的课外学习负担，又能够确保必要学习时间的投入。所以在下一轮的项目学习实践之前，教师要从学生和学校两个角度去考虑项目的设计。

除此之外，有教师还提出一个想法：应该将民族理解在线课程面向更多的学生开展。教师对在线学习的优势以及民族理解的课程内容表示了极高的认可，认为在线学习将是未来教育发展的一种趋势，它能够让学生每时每刻进行学习，并且将其视为对传统的学校教育的一种补充。传统教育的内容是严格按照国家课程标准开设的，民族文化的相关内容比较零散地分布在语文、音乐等学科中，但是少数民族文化博大精深，学生需要更多时间去了解、认识，用来拓展自己的知识面。所以，这样的课程不能仅仅是面向少部分人，最好是能面向全校师生，使其成为一门常态化的课程。

第四节 "活动-创新混合型"——香港长洲岛研学旅行户外探究式混合学习实施[①]

一、混合学习实施背景与设计

自 2010 年开始，"视像中国"远程教育实践共同体启动了每年一次的香港

---

① 本节内容参考了如下文献：赵柯杉. 中小学生户外移动探究学习活动设计与实施研究——以香港长洲岛为例[D]. 开封：河南大学硕士学位论文，2018（指导教师为梁林梅教授）.

夏令营（研学旅行）线下交流、探究活动，成为比较受学校和师生欢迎的线下活动之一。夏令营活动一般会持续 4 天左右，包括由香港本地学生陪同的开营仪式、专家讲座、探究香港科技馆、在香港历史博物馆感受香港发展和变迁的百年文化、参观香港的大学、考察长洲岛、夏令营结束时的展示汇报等主题活动。

考察长洲岛是夏令营一直持续的香港文化探究主题活动之一。作为传统的渔村，长洲岛在文化方面与香港本岛有十分明显的差异。往年对于长洲岛的探究都是基于纸本手册的学习活动，手册是 A4 纸大小，不便于学生在户外携带和记录。学生往往会在探究活动结束之后根据记忆完成探究手册内容的填写，因此无法及时、有效地记录探究过程，完成探究任务，分享探究结果。在 2017 年的香港暑期夏令营活动中，"视像中国"远程教育实践共同体和高校及相关社会机构合作引入了手机 APP 和纸质探究手册相结合的户外学习活动，以线上线下相结合的方式开展长洲岛户外探究式混合学习。①这一案例属于"视像中国"远程教育实践共同体在线课程混合学习实施成熟阶段的跨区域性质的"活动-创新混合型"模式（图 5-10）。

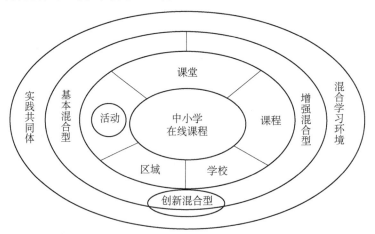

图 5-10 "活动-创新混合型"的跨区域混合学习实施框架

---

① 赵柯杉，梁林梅，许波. 中小学生户外移动学习活动的设计与实施——以香港长洲岛探究为例[J]. 教育探索，2019（2）：60-64.

二、户外探究式混合学习设计

(一) 学习者分析和学习内容设计

在夏令营活动开始之前,本研究团队向实践共同体学校报名参与本次夏令营活动的学生发放调查问卷,男生17人,女生40人,主要为五至八年级的中小学生,年龄范围在11~14岁。他们主要来自上海(56.14%)、佛山(21.05%)、唐山(12.28%)、井冈山(10.53%)四个地区。调查表明,20%的学生具有"视像中国"在线课程的学习经历,使用移动终端搜索与查询信息和学习已经成为中小学生上网的主要目的,68.42%的学生表示喜欢使用移动APP进行学习,70.18%的学生表示更愿意使用手机APP与纸本手册相结合的方式进行夏令营的户外探究学习。通过访谈发现,大部分学生已经具有利用手机进行学习的经验,例如,利用手机APP完成作业、练习英语口语、上网查询问题等。他们觉得利用手机进行学习十分方便,普遍表示自己愿意尝试利用手机APP开展夏令营的户外探究性学习。

中小学生对于利用手机进行学习并没有很高的自制力,在户外移动学习过程中需要由教师进行监督和引导,及时为他们提供线上与线下的学习支持。在学习内容的设计方面,教师应结合这一年龄阶段学生的认知特点和户外探究性学习的特点,采用模块化的方式进行设计;学习内容的负载量不能太大,难度要适中,且表现形式不能太枯燥。此外,还要设计适合青少年的混合学习环境和学习活动,优化他们的夏令营学习体验。

因此,本研究团队基于以往纸本探究中香港教师设计的探究问题,将这些问题重新整合,设计出适用于线上线下混合学习的探究内容,其中包含主题资源、基于情境的问题和提示及问题的反馈,并将长洲岛的混合学习场景分为长洲交通、建筑、美食、经济文化和当地小学五个主要的学习模块,分别命名为"长洲·交通""长洲·建筑""长洲·美食""长洲·经济文化""长洲·国民小学",构成了5个不同的混合学习场景,将学习任务和需要探究的问题恰当地融入香港长洲岛的研学旅行之中。同时,还设计了线上的"心得分享""贴吧论坛",可供师生及时分享和交流学习心得,让学生在轻松愉悦的心情下完成问题探究。

（二）户外探究式混合学习环境设计与开发

本研究团队基于前期的学习者分析和内容设计，借助"应用公园"移动平台专门为此次长洲岛探究设计和开发了名为"长洲研学"的移动学习应用程序，更好地满足了学生的户外探究式混合学习需求（图5-11～图5-13）。

图5-11　长洲岛探究主界面　　图5-12　"长洲·建筑"模块　　图5-13　"贴吧论坛"

香港与内地使用的是不同的手机网络，夏令营组织者每年都为营员配备了香港手机卡，这基本上解决了移动网络的连接问题。另外，营员住宿的酒店中也有无线网络连接，确保了学生开展户外探究性学习必需的网络环境，同时充分利用移动网络可以更好地在同伴之间开展及时的交流与互动，也能为线上学习提供保障。

（三）户外探究式混合学习活动设计

1. 确定学习目标

在手机APP的引导和辅助下，学生置身于香港长洲岛的真实情景中进行自主探究学习，促进他们对香港长洲岛交通、建筑、美食、经济文化与学校教育等各个方面的认识与了解，并将长洲岛与香港本岛进行比较，感受香港离岛文化的独特魅力，培养学生的人文情怀。

2. 设计探究内容

探究主题和具体问题的确定，主要是基于往年长洲岛探究使用的纸质探究手册。"视像中国"香港夏令营长洲岛探究的主题和活动，是由香港的教师专门为内地夏令营活动设计的，已经经过了多轮实践。本研究的探究活动就是在此基础上，依据户外移动学习和混合学习的特点，对户外探究性学习活动的主题和内容进行了重新设计。

本研究将"长洲研学"APP的内容设计为5个"探究主题"（包含19个探究问题）、1个"心得分享"和1个"贴吧论坛"。它们全部以导航的形式展现在长洲岛探究主界面，便于学生对长洲岛的学习内容有宏观和整体的认识。学生通过点击相应的探究主题，进入该主题的学习界面，可以进行更深入、细致的探究。每个主题模块包含不同数量和形式的探究问题，以问题指引的方式，为学生提供相应的线索提示和探究建议。

"心得分享"的设计，是为了让学生完成"长洲研学"APP中全部的探究问题后，及时分享自己对长洲岛的整体感受与心得并提交，作为实时的阶段性成果。

"贴吧论坛"是探究过程中重要的互动模块，它与学生熟悉的百度贴吧操作类似。学生可以发主题帖，评论、回复他人的帖子，为自己喜欢的帖子点赞等。为了调动学生参与互动的积极性，本研究团队预先设置了"自我介绍""小组活动照片""我眼中的香港"三个主题帖，引导他们积极参与到"贴吧论坛"的交流中。

3. 设计活动流程

基于国内外已有研究的成功经验，本研究提出了名为 m-inqUiry 的户外探究式混合学习活动流程，作为本次长洲岛探究活动的流程指引。m-inqUiry 八个字母分别代表户外探究活动的不同环节。其中，m 代表 mobile（移动的），主要为移动终端、移动网络和移动平台，这是开展户外探究学习的必要条件。第一个 i 代表确定问题（identifying questions），n 代表新数据收集（new data collecting），q 代表回答问题（question answering），U 代表无所不在的混合学习支持（ubiquitous blended learning supporting），第二个 i 代表信息分享与交流（information sharing and communicating），r 代表成果汇报（result reporting），y

代表学生反馈（your feedback）。需要说明的是，在 m-inqUiry 中，只有字母 U 是大写的，说明在户外探究式混合学习活动中，无所不在的混合学习支持是非常重要的，贯穿于整个活动过程中。另外，需要强调的是，inquiry 这个单词恰好是探究、调查的意思，而 m-inqUiry 也具有移动探究的含义，与本次学习活动非常符合。m-inqUiry 户外探究式混合学习活动的具体流程如图 5-14 所示。

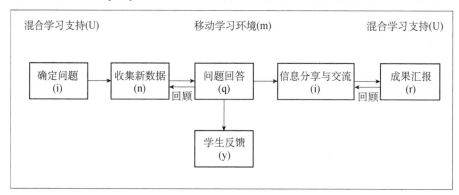

图 5-14   m-inqUiry 户外探究式混合学习活动流程

下面将结合 m-inqUiry 对具体的活动流程设计进行详细说明。整个活动是在"长洲研学"手机 APP、移动网络及夏令营辅导教师的辅助下，依据 inqUiry 的各个环节，让学生掌握与长洲岛有关的学习内容。具体来说，学生首先需要确定要探究的问题（对应第一个"i"），再依据"长洲研学"APP 提供的探究思路和建议，利用手机进行相关学习材料的收集（对应"n"），例如，使用手机的备忘录、录音、拍照、录像等功能，可以帮助他们收集多元化的数据。在收集了与问题有关的足够的素材之后，他们将进行问题的回答（对应"q"），并利用移动网络将每一模块中已完成的问题及时提交。这个过程包含无所不在的线上和线下的混合学习支持（对应"U"）。长洲岛的线上探究活动由 QQ 群、"长洲研学"APP 中的"贴吧论坛"提供远程支持；长洲岛的线下探究活动由各个学校的带队教师、高校课程团队和专家团队提供现场指导和支持，以解决在户外移动学习过程中遇到的突发问题。"贴吧论坛"、"心得分享"和 QQ 群是作为师生及时分享和交流的平台（对应第二个"i"）。在户外的学习场景中，由于师生并非总是处于同一地理位置，面对面的分享与交流难免受到限制，"贴吧论坛"、"心得分享"和 QQ 群便于学习同伴之间的联系和交流，同时可以作为时刻提示和监督他们进行学习的工具，避免因中小学生自制力不够而无法完成学习任务。学生在解决完相应的探究问题之后，对自己收集的素材进行梳理和总结，在夏令营活动结束时，进行小组探究成果的汇报（对应"r"）。最后，本研究团队在完成户外探究的当天，对参与者及时进行问卷调查和访谈，以便获得他们的反馈（对应"y"）。

本研究发现，基于手机 APP 的混合学习活动设计，可以辅助带队教师在户外学习的场景下有效地监督与记录学习者的探究过程，有效解决了过去单纯使用纸本手册面临的实地探究过程中无法及时了解学生的学习情况、无法及时沟通和反馈的问题。需要说明的是，m-inqUiry 是一个系统化的过程，只有学生完成成果汇报才能进入学习反馈阶段。在"回答问题"与"成果汇报"阶段，学生可以根据手机的记录，对前一个阶段的学习内容进行回顾，辅助他们进行此阶段的学习。

（四）户外探究式混合学习支持服务设计

本研究的学习支持服务由线下和线上两部分组成。

1）线下支持服务。在进行长洲岛探究之前，本研究团队对参与的学生进行了"长洲研学"APP 安装方面的辅导，并向他们介绍 APP 的具体功能，对 APP 的使用进行说明。在长洲岛探究的过程中，本研究团队将参与的学生分成不同的小组，由参加夏令营的实践共同体学校的带队教师、高校研究者及大学生班主任进行现场指导。其中，高校研究者和大学生班主任作为户外探究学习的技术支持和现场支持，辅助学生在长洲岛完成全程的探究学习活动。各带队的中小学教师对整个活动进行监督，保证学生按时完成探究任务。多次指导夏令营活动的 3 名教师组成专家团队，协助解决户外探究中发生的各种问题。

2）线上支持服务。为了提供更加符合夏令营学员特点和需求的线上学习支持，本研究团队通过探究活动实施之前的问卷调查了解到中小学生经常使用的社交软件为 QQ（75.44%）和贴吧（14.04%），因此在移动探究 APP 设计时加入了他们熟悉和经常使用的软件，组建了香港夏令营活动 QQ 群，并在"长洲研学"APP 中嵌入了贴吧，为所有参与者提供了及时、有效的全程支持，节省了学习、掌握新软件使用方法的时间。

三、户外探究式混合学习活动实施

长洲岛实地探究的具体实施过程主要分为活动前的准备、探究实施过程以及活动后的总结三个部分。其中，在户外的探究时间为 2～3 个小时，实施的具体过程如表 5-16 所示。

表 5-16　长洲岛探究式混合学习实施过程

实施过程	具体步骤	地点	移动学习环境
活动前的准备（由研究者和大学生班主任、带队教师共同完成）	1. 设计、发放活动前调查问卷 2. 进行活动前的学生访谈 3. 设计长洲岛探究的混合学习活动 4. 组建活动 QQ 群 5. 行前辅导	旅途中，室内；所住酒店	QQ 群；移动网络
探究实施过程（"inqUiry"）	"i"（确定问题）：由学生自己确定"长洲研学"APP 中要探究的模块内容	出发去长洲岛的路上；香港长洲岛	"长洲研学"APP；移动网络
	"n"（收集新数据）：根据"长洲研学"APP 中的探究问题，学生自行开展资料收集。具体如下：访谈当地居民，并用手机进行录音；对长洲岛的建筑、交通工具、美食、街道、店铺、学校等真实环境进行拍照、录像，作为情境学习的素材；利用手机备忘录做笔记，整理当时的感受	香港长洲岛	"长洲研学"APP；手机自带录音、相机、备忘录等；移动网络
	"q"（问题回答）：学生思考、组织问题的答案，完成相应模块的选择题、文本输入与拍照上传，并提交至后台	香港长洲岛	"长洲研学"APP；移动网络
	"U"（无所不在的支持）： 线上：学生在 QQ 群中求助，解答 APP 中的相关问题，并得到及时的解答 线下：指导参与学生进行 APP 的安装与操作，在户外现场督促他们及时回答问题，并进行提交	香港长洲岛	"长洲研学"APP；QQ 群；移动网络
	"i"（信息分享与交流）：利用"长洲研学"APP 的"心得分享"与"贴吧论坛"，以及 QQ 群与同伴分享、交流自己的体会，形成阶段性成果	香港长洲岛及所住酒店	"长洲研学"APP；QQ 群；移动网络
	"r"（成果汇报）：学生在夏令营活动的最后一天下午，按小组进行探究成果汇报。以 PPT 讲解为主，结合歌舞、情景剧等各种表演活动展示学习心得，形成总结性成果	香港某中学礼堂	PPT
	"y"（学生反馈）：设计、发放活动后调查问卷，对学生进行访谈，得到他们的真实意见与建议	所住酒店	QQ 群；移动网络

续表

实施过程	具体步骤	地点	移动学习环境
活动后的总结	1. 实施时所遇到的具体问题 2. 对研究数据的分析 3. 本次活动的反思与展望	室内	

在活动结束当天，本研究团队及时地向参与活动的 35 名中小学生进行活动后问卷调查，以及对部分学生进行活动后的访谈，以保证数据的真实有效。

四、户外探究式混合学习活动实施效果与反思

在线上学习内容方面，学生对"长洲·美食""长洲·小学""长洲·建筑"最感兴趣；在线上 APP 的作用方面，学生认为使用手机 APP 可以为户外探究学习活动提供更好的指引和帮助，可以让他们更好地了解同伴的学习情况，还能够与夏令营伙伴有更多的互动。经过进一步的数据分析可以发现，不同类型的学生在户外混合学习的行为和表现方面有差异。

（一）户外探究式混合学习兴趣的差异分析

在户外探究式混合学习兴趣方面，采用独立样本 t 检验发现，参与的学生在性别、学段、是否具有网络学习和使用手机 APP 进行学习的经历上并没有显著差异，但在学生的来源地方面，城市学生和农村学生存在显著差异，来自城市的学生比来自农村的学生表现得更有兴趣，如表 5-17 所示。

表 5-17　户外探究式混合学习兴趣的差异分析（城市与农村）

内容	地区	M	SD	t	p
我喜欢使用手机 APP 来帮助自己认识香港	城市	4.5806	0.62044	2.375	0.024*
	农村	3.7500	0.95743		
使用 APP 认识香港，更能激发我的学习兴趣	城市	4.6452	0.60819	4.383	0.000***
	农村	3.2500	0.50000		

（二）户外探究式混合学习结果的差异分析

本研究采用独立样本 t 检验的方法，对学生使用"长洲研学"APP 进行户外探究式混合学习的注意力集中程度、学习高效性、学习轻松程度和自我调节

学习进度的能力进行了深入分析。分析结果表明，参与的学生在性别、学段以及是否具有使用手机 APP 进行学习的经历上并没有显著差异。对存在差异方面的分析如下。

1. 城市和农村地区学生的差异分析

如表 5-18 所示，在户外移动学习的探究过程中，城市和农村的学生在户外探究的注意力集中程度、学习高效性、学习轻松程度和自我调节学习进度的能力上都存在显著差异，且城市地区学生的平均分要远远高于农村地区学生。

表 5-18　户外探究式混合学习结果的差异分析（城市与农村）

内容	地区	M	SD	t	p
注意力集中程度	城市	4.5810	0.67200	5.530	0.000***
	农村	2.5000	1.00000		
学习高效性	城市	4.4839	0.88961	2.942	0.006**
	农村	3.0000	1.41421		
学习轻松程度	城市	4.5484	0.85005	2.633	0.013*
	农村	3.2500	1.50000		
自我调节学习进度的能力	城市	4.6129	0.84370	2.686	0.011*
	农村	3.2500	1.70783		

2. 是否具有网络学习的经历的学生差异分析

学生使用"长洲研学"APP 进行学习时的注意力集中程度在是否具有网络学习经历方面存在显著差异，有网络学习经历的学生的注意力集中程度显著高于没有此类经历的学生，但是在学习高效性、学习轻松程度和自我调节学习进度的能力上并无显著差异，如表 5-19 所示。

表 5-19　户外探究式混合学习结果的差异分析（是否具有网络学习的经历）

内容	有无经历	M	SD	t	p
注意力集中程度	有	4.7390	0.54080	3.260	0.006**
	无	3.5830	1.16450		
学习高效性	有	4.5217	0.99405	1.658	0.107
	无	3.9167	1.08362		
学习轻松程度	有	4.5652	0.94514	1.362	0.182
	无	4.0833	1.08362		
自我调节学习进度的能力	有	4.5652	0.94514	0.849	0.402
	无	4.2500	1.21543		

（三）学生对户外探究式混合学习活动评价的差异分析

在学生对户外探究式混合学习评价方面，采用独立样本 t 检验发现，来自城市的学生与来自农村的学生存在显著差异，城市学生对于户外探究式混合学习活动的评价要远远高于农村学生，如表 5-20 所示。

表 5-20 学生对户外探究式混合学习活动评价的差异分析（城市与农村）

内容	地区	M	SD	t	p
我觉得在长洲岛的移动探究学习效果不错	城市	4.4839	0.85131	3.046	0.005**
	农村	3.0000	1.41421		

（四）学生访谈结果分析

活动结束后，对学生进行访谈，可以进一步深入了解学生的学习过程和学习状况。

1. 对学习内容的访谈结果

总体来说，只有少部分学生完成了"长洲研学"APP 全部内容的学习，并进行提交。根据访谈可知，他们主要是基于自己的学习兴趣来选择探究模块的。对于没有完成的模块内容，他们进行了简单的浏览，只是由于网络、个人手机的硬件以及时间问题，没有完成全部的学习。被访谈者普遍表示，"长洲研学"APP 的五个模块可以帮助他们理清探究的思路，使他们对长洲岛有了大概的了解。有的学生说：

> 我是第一次接触长洲岛，模块的分类起到了旅行攻略和引导的作用，可以让我对长洲岛有一个整体的认识。

除此之外，"长洲研学"APP 还可以增强他们的学习意识。有的学生表示：

> 我们是去探究（APP 上的）这些问题，而不是单纯去玩，能够帮助我们对长洲岛的相关知识进行学习。

大部分学生表示对美食、交通、建筑、小学的印象比较深刻，这与问卷调查结果较为一致。关于中环建筑与长洲岛建筑的比较，有的学生表示：

如果没有 APP，自己可能就不会深入地思考与分析这两地建筑的差异。

此外，学生希望"长洲研学"APP 可以多增加一些模块，例如，增设长洲岛的历史、人文、地理特征等模块，或者增加一些小游戏来增强学习的趣味性。受访学生普遍表示，题目的难度和数量是他们可以接受的。同时，他们对于不同题目类别如选择题、开放式问答、图片上传的喜好各有不同。有的学生表示，可以适当增加题目的数量和难度。另外，由于"长洲研学"APP 本身的功能设计得不完善，问题回答的部分只适用于学生个人与 APP 之间的交互，无法看到同伴的作答情况，只有本研究团队成员在后台可以看到，受访学生表示，希望可以看到同伴对问题的作答情况。

2. 对学习过程的访谈结果

1）在"长洲研学"APP 的使用上，大部分学生都是在长洲岛的真实环境中完成探究性学习任务的。来自井冈山的学生 A 表示：

如果看到了与问题相关的信息，我就及时填写上去。

来自上海的学生 C 表示：

在去长洲岛之前，我先打开 APP 看了一下问题，大部分问题是在长洲岛上填答的。我觉得 APP 可以帮助我随时随地记录，它提供的线索对我的学习很有帮助。

2）对于在 APP 使用过程中遇到的困难和解决方式，来自井冈山的学生 A 表示：

在使用 APP 的过程中，我遇到了困难，但通过咨询旁边的同学，在他的帮助下，我解决了相关问题。

来自佛山的学生 B 表示：

我遇到的问题是图片上传不成功、提交答案不成功。为了解决这些问题，我进行了多次尝试。

来自上海的学生 C 表示：

我遇到的问题是答案提交失败，但回到酒店后，我又进行了尝试。

3）在移动学习过程中遇到问题时，学生通常先自己尝试解决问题，然后再向周围的同学寻求帮助，很少利用QQ群和"长洲研学"APP中的"贴吧论坛"进行线上的咨询与讨论。究其原因，有的学生表示：

我认为线上交流的热度不够，不足以引发我进行在线交流的兴趣。

4）关于长洲岛探究式混合学习活动的体验，来自井冈山的学生A表示：

我喜欢这次体验，因为"长洲研学"APP可以让我们更好地了解香港长洲岛。

来自佛山的学生B表示：

我觉得（移动学习）很方便，增强了我的求知欲望，让我（对长洲岛）的了解更多一些。APP的使用，使我的理解更深入、印象更深刻。

来自上海的学生C表示：

我蛮喜欢的，因为它方便、快捷，可以随时随地学习。下次我还愿意使用APP进行探究，它可以加深我的学习印象。

第六章 "视像中国"中小学在线课程混合学习本土化实施效果

第一节 "视像中国"远程教育实践共同体中小学生在线课程学习行为特征与学习效果分析[①]

《2019年全国未成年人互联网使用情况研究报告》显示，随着移动互联网的快速发展，我国未成年人的互联网普及率已经相当高，初中生和高中生都分别达到了97.6%，小学生的互联网普及率也达到了89.4%，互联网已经成为未成年人认识世界、日常学习、休闲娱乐的重要平台，对其学习和生活的影响不断增强。在未成年人的主要上网行为方面，利用互联网进行学习的比例高达89.6%，排在第一位。尤其值得注意的是，随着基础教育信息化和"互联网+教育"应用的迅速发展，互联网应用已经渗透到学生日常学习的方方面面，尤其是在作业、学习答疑和课后复习环节，互联网正在成为未成年人进行自主学习的有力帮手，且出现了未成年人的网上学习与学校课堂教育深度融合的新趋势。[②]

一、"视像中国"在线课程学生群体的网络应用目的和在线学习经历分析

参加"视像中国"在线课程学习的学生群体以小学高年级和初中一至二年级的学生为主。2017—2019年的课程学习调查问卷数据分析表明，"视像中

---

① 本节内容参考了如下文献：王乔丹. 小学生在线课程学习案例研究——以"民族理解"类课程为例[D]. 开封：河南大学硕士学位论文，2020（指导教师为梁林梅教授）.

② 共青团中央维护青少年权益部，中国互联网络信息中心. 2020-05-13. 2019年全国未成年人互联网使用情况研究报告[EB/OL]. http://www.cac.gov.cn/2020-05/13/c_1590919071365700.htm[2021-09-19].

国"在线课程学生群体的网络应用行为与《2019 年全国未成年人互联网使用情况研究报告》具有较高的一致性。在中小学生的上网目的方面,学习都是排在第一位的,其次是搜索/查询信息(图 6-1)。

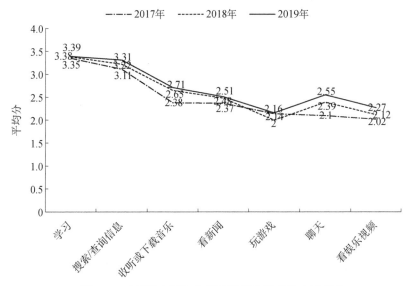

图 6-1 "视像中国"在线课程学生群体的上网目的

通过数据分析还可以发现,2017—2019 年,具有在线学习经历的学生比例在逐年增加,尤其是具有完整在线课程学习经历的学生不断增加(图 6-2)。

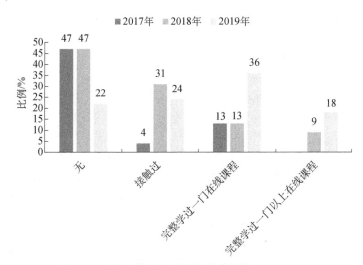

图 6-2 具有在线学习经历的学生比例

参加"视像中国"在线课程学习的学生群体中既有东部地区学生，也有来自中西部地区的中小学生。经过进一步的数据比较分析发现，东、中部地区学生具有在线学习经历的比例要高于西部地区学生，且参与"视像中国"在线课程的学习大都是其首次在线学习经历（图6-3）。

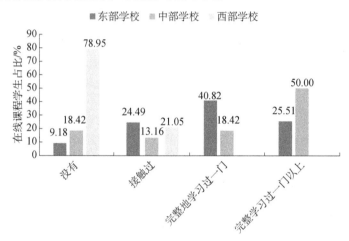

图6-3 东部、中部和西部地区学生在线课程学习经历比较

二、学生在线课程的学习时间投入和学习动机

当前中小学生的学习任务和课业负担普遍较为繁重，而且调查表明八成学生周末要参加各种各样的兴趣班或辅导班，因此无论是学生的预期还是实际上对于在线课程学习的时间投入都较为有限，半数学生的时间投入每周都在一个小时以内。

在课程学习的动机方面，以认知内驱力为主，主要体现在对课程内容（信息素养、生涯规划或民族理解）的兴趣和对在线课程学习经历、学习体验的兴趣。学生对在线课程学习普遍持有积极、肯定的态度，尤其是对在线学习这种方式较为欢迎。

第一次接触这种新颖的学习方式，我非常喜欢。这种学习方式没有地点和时间的约束，可以根据自己的时间安排进行学习，很方便……感觉在线学习的形式很新颖，不再是单纯地说教，没有师生面对面，学习上更放松一些。课程里有很多微视频，老师通过视频给我们讲解古老的侗族文化，既容易掌握，又像看电视一样，很想一直学

下去。（唐山市开平区在线课程学习学生）

这种学习活动很是新奇，我们可以在电脑上观看视频，与同学交流，进行线上讨论，十分有趣。（郑州市在线课程学习学生）

在线课程的本地指导教师认为，

学生的态度比较积极，因为网络课程的学习内容丰富、形式活泼有趣，有歌舞、微视频，学生比较感兴趣。（郑州市在线课程指导教师）

为了提高学生学习在线课程的主动性和自主学习效果，高校研究团队及在线课程的本地指导教师在课程学习初期的线上、线下学习指导中都强调了学习笔记的作用。问卷调查表明，2017—2019 年，学生自主学习过程中的学习笔记行为不断改善（图 6-4）。重庆市垫江县一所农村小学的学生反思道：

我学会了做笔记，以前我不知道如何做笔记。因为要完成课程中的小测验，我学习时就特别认真，每次都做笔记，一学期下来，我做的笔记还不少。有时拿出来看看，觉得很有趣。

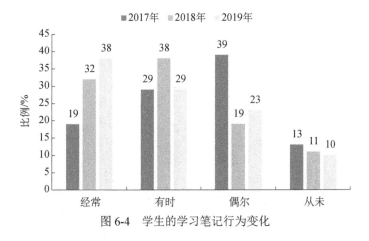

图 6-4 学生的学习笔记行为变化

三、学生在线课程学习的收获

通过在线课程的学习，学生普遍认为开阔了视野、增长了知识，提高了对所学内容的兴趣。同时，在信息素养、自主学习与自我管理能力及网络交流、协作能力方面也有所提升。而且，与 2017 年相比，2018 年和 2019 年学生在各个方面的收获都有提升（图 6-5）。

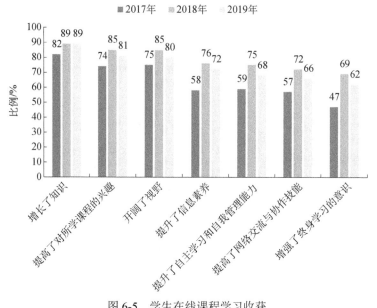

图 6-5　学生在线课程学习收获

对于东、中、西部不同地区的学生而言，与东部和中部地区学生相比，西部地区学生在课程内容的学习兴趣方面收获较大，但在信息素养、网络交流技能和自主学习能力方面的收获有限（图 6-6）。

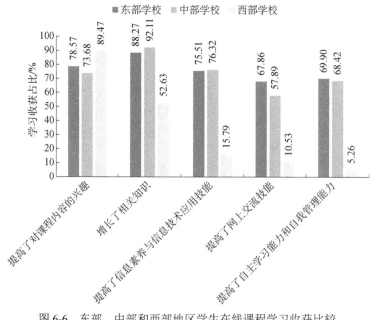

图 6-6　东部、中部和西部地区学生在线课程学习收获比较

通过访谈，学生和教师都谈及了在线课程学习的多种收获。

这一学期，我参加了关于佤族的课程学习，开阔了视野，增长了知识，知道了佤族的歌舞、美食、节日等。通过几个月的网络自学，我已经基本掌握了自主学习的要领，能运用网络技术搜寻学习资料，我相信这对于我日后的学习尤为重要。（唐山市开平区在线课程学习学生）

我要感谢"视像中国"这个平台，它让我看到了不一样的世界，听到了不一样的声音，让我知道了外面世界的精彩，了解了哈尼族的风俗、节日、茶马古道……通过这次学习，我的信息素养得到了极大提升，我知道了如何上网查阅资料，如何下载自己需要的东西。总之，学习收获有很多，下次我还要参加这样的学习活动。（重庆市垫江县在线课程学习学生）

小组合作学习让我有信心完成自己的任务，学会了通过制作PPT向同学介绍佤族美食，我感觉自己的能力提高了。（宁波市鄞州区在线课程学习学生）

郑州市在线课程的指导教师指出：

通过在线课程学习，学生增长了知识，提高了交流合作能力，计算机应用能力得到了提高，学生的总结、表达能力也有了提升。在课程最后的学习总结阶段，学生上台汇报本学期学习到的知识，思路清晰，表现得非常棒，这是我没有想到的。这说明学生真的将这次学到的东西记到心里面了，所以才分析得头头是道……原来在学习中遇到不懂的问题，学生就去找老师、找家长，现在他们会自己去网上查资料来解决一些问题，还把网络中学习到的知识运用到语文课堂中，主动地拓宽自己的知识面。

最重要的是，一些学生通过参加多轮在线课程学习不断获得成长。

非常幸运，这是我第二次参加网络学习。还记得四年级刚开学的时候，老师说我们今年参加"视像中国"网络学习，我一下子就懵了。从最初的不知道在哪里听课，不知道在哪里讨论，到最后拿到"视像中国"远程教育发展中心寄来的优秀证书，在这一学习过程中，我受益匪浅。四年级下学期，学习完白族的相关课程之后，接着学习哈尼族的相关课程，明显轻松了不少。感谢"视像中国"网络学习平台，不仅让我了解了少数民族的历史和生活习惯，更让我掌握了网络学习的技能。(唐山市开平区在线课程学习学生)

除了上述几个方面的收获，由于课程导学团队和本地辅导教师一直非常注重思维导图在线上和线下学习中的有效应用，学生在思维导图应用方面也有所收获。

我学习了如何正确地画思维导图，我觉得这对我的学习有很大帮助。思维导图能帮我分析语文课文，在英语学习中能用思维导图汇总英语单词和英语句子，在数学学习中能用思维导图整理概念。(宁波市鄞州区在线课程学习学生)

四、在线课程学习过程中遇到的困难

对于许多中小学生而言，在线课程仍然是一个新生事物，实施过程中会受到多种因素的影响。虽然不同地区、不同学校在应用的过程中会遇到不同的问题，但总体来说，近年来"视像中国"中小学在线课程在学校的应用遇到了如下的普遍问题（按比例从低到高排列）：网速慢、时间不够、平台不熟悉、缺少交流和互动（图6-7）。

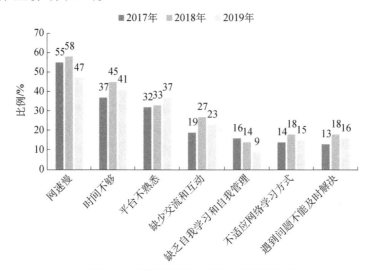

图6-7 在线课程学习过程中遇到的困难

从图 6-7 可以看出，除了上述问题之外，仍然有 15% 左右的学生不太适应网络学习方式。访谈中，有学生反映：

> 自己的自控能力不太好，课程没学完就想玩……学习的过程中，缺少交流和互动。希望多组织一些小组合作活动，提高团队协作的能力。（郑州市在线课程学习学生）

由于西部地区学生大都缺乏在线学习的经历，在在线课程学习的过程中会遇到更多的困难，其信息素养和自主学习能力也有待进一步提升（图 6-8）。

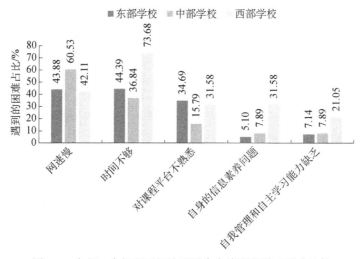

图 6-8 东部、中部和西部地区学生在线课程学习困难比较

五、学生对课程满意度的评价

从学生的问卷调查反馈数据来看，学生对课程的整体满意度较高，总体上而言，2019 年的满意度高于 2017 年和 2018 年。2019 年，增加了对本地指导教师满意度的评价，本地指导教师在学生的在线课程学习中发挥了重要的作用，学生的满意度较高。相对而言，学生对于网速及在线课程平台的流畅度的满意度不高，对于所在学校提供的上网设备的满意度逐年提高（图 6-9）。

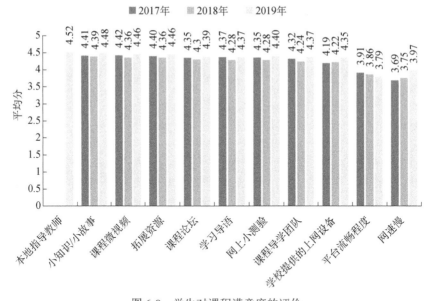

图 6-9　学生对课程满意度的评价

在课程的建设和实施方面，有学生建议：

在课程内容的设计上，可以增加有趣味性和探究式的体验活动来提高学生的兴趣，而不仅仅是传递知识。希望能让学生多参加远程视频讲座，或者组织一些夏令营、研学等活动。在视频中可以穿插一些问题，这样可以促使学生积极思考。（宁波市鄞州区在线课程学习学生）

第二节　新冠肺炎疫情期间"视像中国"远程教育实践共同体学生在线学习效果分析

一、新冠肺炎疫情期间中小学居家在线教学特征分析

新冠肺炎疫情期间的大规模在线教与学，是一种发生在疫情特殊时期的、与常规的学校班级集体教学不同的教学方式，是依托网络环境和数字化资源的、处于居家环境中的、以学生个体学习为主的在线教学方式，对网络基础环

境、在线教学平台、家庭学习环境、学生的信息素养、自我管理和自主学习能力等都提出了更高的要求，同时更容易受到居家学习环境及疫情期间特殊社会心理的多重影响。疫情期间的教学，既要遵循所有在线教学所具有的"教—学分离、时—空分离和师—生分离（生—生分离）"的根本特征，又要符合学生居家学习的独特情境，还要考虑到青少年群体不同于成年人的身心及认知、学习特点，因此会呈现出复杂而多元化的特征（表6-1）。

表6-1　疫情期间中小学居家在线教学与传统班级面对面教学的特征比较

内容	班级面对面教学	居家在线教学
学习环境	学校情境中的正式学习环境 教师引领创设的班级学习氛围	居家生活、休闲为主的非正式学习环境 个体学习为主的个性化学习环境
教学组织	严密的教学组织，统一进度，统一要求 条理化、规范化的教学管理流程 以教师为主导的教学过程监控	弱组织甚至是无组织状态 学生自我管理的、个性化的学习过程 学校及教师对学生的直接约束降低，需要家庭成员的介入和监督
教学流程	非常明晰的课前、课中、课后环节	教学流程多样化，大体上包括教师设计和准备教学资源及学生学习（教师答疑指导）两个环节
教学方法	以教师同步讲授为主 师生面对面问答、研讨 面对面的课堂练习、小组合作等	同步的网络直播讲授、学生个体的自主学习 网上答疑、研讨 基于资源的自主学习、网上小组合作学习
师生角色	教师主导 教师监督 教学内容的传授	教师主导弱化，学生自我规划 教师监督弱化，学生自我管理 教学内容的传授、自主学习资源的设计与开发、新型学习方法的指导
教学媒体和学习资源	以教师讲授和纸质学习资料为主 辅以少量的教学媒体和数字化学习资源	网络和数字化学习终端成了必要条件 数字化学习资源、学习工具相对丰富 辅以纸质学习资料
教学交互	面对面的人际交互 丰富的身体语言交互 多通道的及时反馈	基于网络的同步、异步交互 交互方式单一 反馈不及时
作业形式	纸质作业 反馈不及时	纸质作业、线上作业 部分线上作业内容可以及时反馈
学习者情绪情感状态	正常社会情境下的学习状态 班级学习氛围的激励和影响 学习伙伴的激励和影响	疫情影响下特殊时期的心理状态 居家非正式学习环境下的情绪影响 个体学习时的孤独感

二、新冠肺炎疫情期间"视像中国"在线课程学生群体学习行为分析

(一)"视像中国"远程教育实践共同体学校在线教学的整体状况

为了系统了解新冠肺炎疫情期间"视像中国"远程教育实践共同体学校在线教学的整体状况,同时也为了研究和检验"视像中国"在线课程学习效果,以及在线课程学习经历对新冠肺炎疫情期间中小学生居家在线学习的影响,本研究团队以 2017—2019 年参加"视像中国"在线课程学习的实践共同体学校中小学生为研究对象,在 2020 年 3 月底发放了调查问卷。本研究选取的参加问卷调查的五个区域(上海市、浙江省宁波市鄞州区、广东省佛山市南海区、河北省唐山市开平区和河南省郑州市)的学校都是"视像中国"远程教育实践共同体的核心成员,长期积极、深入参与实践共同体的多项活动,并且都具有三年及以上的在线课程实施经历和较为稳定的在线课程学习群体,部分学校已经将"视像中国"在线课程融入了本校的校本课程或拓展课程体系,形成了较为稳定、成熟的在线课程混合学习实施机制和应用模式。为了确保问卷数据的有效性,将参加问卷调查的学生限定在三年级以上的高年级学生群体。

共有 1333 名具有"视像中国"在线课程学习经历的小学高年级学生和初中生参加了问卷调查,以城市学生为主(78%),男女生各占半数,小学生和初中生各占半数,98%的学生家里都有无线网络;45%的学生学习过三门以上的"视像中国"在线课程,24%的学生学习过 2~3 门在线课程。

1. 新冠肺炎疫情期间"视像中国"远程教育实践共同体学校采用的主要教学方法

新冠肺炎疫情期间,在"视像中国"远程教育实践共同体学校采用的教学方法方面,排在第一位的是直播,其中参加自己学校教师直播的占 68%,参加其他学校教师直播的占 51%。其他常用的教学方法包括基于资源的自主学习(51%)、点播(45%)和网上答疑(45%)等多种形式,有 39%的学生参加了教师组织的居家运动或居家活动。

不同地区在教学方法方面略有差异:①河南省郑州市的学生更多地选择参加自己学校教师的直播(92%),浙江省宁波市鄞州区的学生更多选择参加其

他学校教师的直播（65%）；上海市的学生参加点播的比例最高（84%），上海市学生参加居家运动或居家活动的比例也最高（50%）。②在线上学习每节课的时长方面，20～30分钟占34%，30～40分钟占47%。就不同区域而言，广东省佛山市南海区20分钟以下的在线课程占32%，河北省唐山市开平区和河南省郑州市几乎全部课程都在20分钟以上。

2. 学生居家在线学习过程中遇到的主要问题

在学生居家在线学习过程中遇到的主要问题方面，排在第一位的是网络环境不稳定（网速慢）（47%），其次是缺少与老师或同学的交流互动（43%）、缺乏自我管理和自主学习能力（38%）、学习过程中注意力不集中（31%）、遇到问题不能及时反馈给老师（24%）等。学生在平台、软件及信息技术工具的使用方面遇到的问题比较少（15%）。就不同区域而言，河南省郑州市的学生在网络环境（62%）和家庭学习环境（42%）方面遇到的问题最突出。

总体而言，此次疫情期间学生居家在线学习面临的首要困境是网络环境问题，尤其是网速问题，这一结论与国内许多研究者的研究结论一致。①经济合作与发展组织（Organization for Economic Co-operation and Development，OECD）联合哈佛大学研究生院发布的《2020应对COVID-19教育指南》中指出，从全球范围来看，很多学校并没有为迎接数字时代做好充分准备，数字化基础设施短缺是各个国家面临的共同问题。②

3. 学生学习满意度情况

在学生的学习满意度方面，学生对于教师的线上教学能力（4.36分）、教师提供的自主学习资源（4.28分）和教师的网上答疑辅导（4.24分）的满意度都较高，对于自己的学习效果（3.81分）和自己的学习状态（3.84分）不满意。就不同区域而言，上海学生对于学习平台、自主学习资源、教师的线上教学能力和教师的线上答疑辅导的满意度都较高。

---

① 王冬冬，王怀波，张伟等. "停课不停学"时期的在线教学研究——基于全国范围内的33240份网络问卷调研[J]. 现代教育技术，2020（3）：12-18；王继新，韦怡彤，宗敏. 疫情下中小学教师在线教学现状、问题与反思——基于湖北省"停课不停学"的调查与分析[J]. 中国电化教育，2020（5）：15-21；郭丛斌，徐柱柱，方晨晨等. 2020-07-13. 全国疫情期间高中在线学习状况调查[EB/OL]. http://www.jyb.cn/rmtzgjyb/202007/t20200713_344617.html[2021-09-19].

② 田蕊，熊梓吟，Romuald N. 疫情之下全球教与学面临的挑战与应对之策——OECD《2020应对COVID-19教育指南》解析与思考[J]. 远程教育杂志，2020（4）：3-14.

（二）"视像中国"在线课程学生群体学习行为差异分析

本研究将疫情期间中小学生的在线学习行为分为在线学习的态度和适应性、在线学习的满意度、信息素养和自我管理、自主学习能力4个维度进行分析。信息素养的测量借鉴了华中师范大学国家数字化学习工程技术研究中心研究人员设计开发的中小学生信息素养水平评估问卷题项[1]，在自主学习方面，部分借鉴了庞维国设计编制的中小学生学习自主性量表[2]。

选修"视像中国"在线课程的既有小学高年级学生，也有初中生。对参加本次问卷调查的具有"视像中国"在线课程学习经历的初中生和小学生进行独立样本 t 检验分析。数据分析表明，小学生和初中生的居家在线学习行为之间存在一定的差异，整体而言，初中生的学习行为要明显好于小学生。

1. 初中生的在线学习态度和适应性好于小学生

数据分析表明，初中生和小学生在在线学习的适应性方面存在极其显著的差异，在在线学习的态度和专注度方面存在显著差异（表6-2）。

表 6-2　在线学习态度和适应性独立样本 t 检验结果

检验变量	学段	N	M	SD	t	p
我喜欢在线学习的方式	初中	695	3.82	1.008	2.017	0.044*
	小学	618	3.71	0.985		
我很适应目前的居家在线学习	初中	695	3.87	0.986	3.925	0.000***
	小学	618	3.65	0.999		
我发现自己在上网课时经常会开小差	初中	695	2.82	1.289	−1.993	0.046*
	小学	618	2.96	1.238		

2. 初中生对在线学习的满意度高于小学生

初中生对在线学习的满意度方面都要显著好于小学生，但小学生对于作业的满意度高于初中生（表6-3）。

---

① 蒋龙艳，吴砥，朱莎. 中学生信息素养水平的影响因素及其作用机制研究[J]. 中国电化教育，2020（9）：112-118.

② 庞维国. 自主学习——学与教的原理和策略[M]. 上海：华东师范大学出版社，2003：148，276-293.

表 6-3 在线学习满意度的独立样本 t 检验结果

检验变量	学段	N	M	SD	t	p
教师布置的作业	初中	695	4.18	0.841	-3.304	0.001**
	小学	618	4.32	0.716		
自己的信息技术应用能力	初中	695	4.08	0.869	2.936	0.003**
	小学	618	3.94	0.854		
自己的学习状态	初中	695	3.92	0.871	2.809	0.005**
	小学	618	3.78	0.914		
自己的学习效果	初中	695	3.87	0.888	2.083	0.035*
	小学	618	3.77	0.884		

3. 初中生对自身信息素养的评价高于小学生

初中生和小学生在信息评价与创新能力方面与小学生存在极其显著的差异，在信息安全意识和信息应用意识方面存在显著差异（表 6-4）。

表 6-4 信息素养的独立样本 t 检验结果

检验变量	学段	N	M	SD	t	p
我通常会使用电脑、手机、平板等设备去网上查询我所需要或感兴趣的信息	初中	695	4.00	0.933	2.062	0.040*
	小学	618	3.90	0.880		
我不会去浏览网络上的不良信息	初中	695	4.50	0.895	2.983	0.003**
	小学	618	4.35	0.881		
我可以自信地在新的环境或不熟悉的环境中应用我的信息技能	初中	695	4.16	0.825	5.260	0.000***
	小学	618	3.91	0.911		

4. 初中生的自我管理和自主学习能力高于小学生

初中生和小学生在自我管理和自主学习能力的各个维度上都存在显著差异，初中生明显优于小学生（表 6-5）。

表 6-5 自我管理、自主学习能力的独立样本 t 检验结果

检验变量	学段	N	M	SD	t	p
我会按时完成老师布置的作业	初中	695	4.47	0.691	3.473	0.001**
	小学	618	4.34	0.734		
我会在学习的过程中做好学习笔记	初中	695	4.32	0.769	4.092	0.000***
	小学	618	4.14	0.824		

续表

检验变量	学段	N	M	SD	t	p
目前，我在学习的过程中经常会忍不住做一些和学习无关的事情	初中	695	2.91	1.300	-3.002	0.003**
	小学	618	3.12	1.264		
目前的在家学习，我需要家长的不断督促	初中	695	2.84	1.352	-4.602	0.000***
	小学	618	3.17	1.268		
我认为自己有能力解决疫情期间居家学习中遇到的问题	初中	695	4.00	0.902	5.192	0.000***
	小学	618	3.73	0.950		

三、"视像中国"在线课程学习群体和非"视像中国"在线课程学习群体差异分析

为了检验"视像中国"在线课程的学习效果及在线课程学习经历对中小学生产生的影响，本研究还选择了和"视像中国"在线课程同一学校同一年级的学生群体，但没有参加"视像中国"在线课程学习的1771名中小学生作为对照组，分析两个不同群体学生的居家在线学习行为差异。

（一）在线学习的态度和适应性

经过独立样本 t 检验分析（表6-6），两个群体对于在线学习的态度和适应性都存在非常显著的差异（$p < 0.001$），即那些学习过"视像中国"在线课程的学生在疫情期间能够更加适应居家在线学习，其学习态度也更积极、正向。

表6-6 在线学习态度和适应性的独立样本 t 检验结果

检验变量	学生类别	N	M	SD	t	p
我喜欢在线学习的方式	"视像中国"学生	1313	3.77	0.998	7.267	0.000***
	非"视像中国"学生	1771	3.50	1.010		
我很适应目前的居家在线学习	"视像中国"学生	1313	3.77	0.998	7.329	0.000***
	非"视像中国"学生	1771	3.50	1.001		
我发现自己在上网课时经常会开小差	"视像中国"学生	1313	2.89	1.267	-2.916	0.004**
	非"视像中国"学生	1771	3.02	1.217		

（二）在线学习满意度

本研究从多个维度比较了两类学生群体对居家在线学习的满意度，数据分析表明，他们在对教师的线上教学能力、教师提供的自主学习资源、教师的网上答疑辅导的满意度方面均存在显著差异。另外，两类学生群体对于在线学习使用的平台、工具、软件的满意度及自己的学习状态、学习效果满意度方面存在极其显著的差异（表6-7）。

表6-7　在线学习满意度的独立样本 *t* 检验结果

检验变量	学生类别	N	M	SD	t	p
教师的线上教学能力	"视像中国"学生	1313	4.36	0.733	2.356	0.019*
	非"视像中国"学生	1771	4.30	0.719		
教师提供的自主学习资源	"视像中国"学生	1313	4.29	0.771	3.026	0.002**
	非"视像中国"学生	1771	4.20	0.774		
教师的网上答疑辅导	"视像中国"学生	1313	4.25	0.822	2.223	0.026*
	非"视像中国"学生	1771	4.18	0.808		
在线学习使用的平台、工具、软件等	"视像中国"学生	1313	4.13	0.829	3.290	0.001**
	非"视像中国"学生	1771	3.81	0.872		
自己的信息技术应用能力	"视像中国"学生	1313	4.02	0.864	6.572	0.000***
	非"视像中国"学生	1771	3.81	0.872		
自己的学习状态	"视像中国"学生	1313	3.85	0.894	7.031	0.000***
	非"视像中国"学生	1771	3.62	0.886		
自己的学习效果	"视像中国"学生	1313	3.82	0.887	6.928	0.000***
	非"视像中国"学生	1771	3.60	0.906		

这说明具有"视像中国"在线课程学习经历的学生对于疫情期间教师在线教学的满意度更高，对于在线学习工具、平台及自己的在线学习状态和效果满意度更高。

（三）信息素养

数据分析发现，"视像中国"在线课程学生群体无论在信息应用意识、信息保健意识、信息安全意识还是信息的评价与创新方面都好于非"视像中国"学生，且存在非常显著的差异（表6-8）。

表6-8　信息素养的独立样本 t 检验结果

检验变量	学生类别	N	M	SD	t	p
我通常会使用电脑、手机、平板等设备去网上查询我所需要或感兴趣的信息（信息应用意识）	"视像中国"学生	1313	3.95	0.909	6.846	0.000***
	非"视像中国"学生	1771	3.73	0.896		
我会避免长时间使用电脑、手机、平板等设备（信息保健意识）	"视像中国"学生	1313	3.85	0.954	4.354	0.000***
	非"视像中国"学生	1771	3.71	0.917		
我不会去浏览网络上的不良信息（信息安全意识）	"视像中国"学生	1313	4.43	0.891	4.412	0.000***
	非"视像中国"学生	1771	4.28	0.991		
我可以自信地在新的环境或不熟悉的环境中应用我的信息技能（信息评价与创新）	"视像中国"学生	1313	4.04	0.876	8.129	0.000***
	非"视像中国"学生	1771	3.78	0.911		

这充分说明，"视像中国"在线课程学习经历对于学生的信息素养提升有很大影响。

（四）自我管理和自主学习能力

经过独立样本 t 检验发现，除了"我目前在学习的过程中经常会忍不住做一些和学习无关的事情"之外，其他题项均存在显著差异，"视像中国"在线课程学生群体在各个维度的表现都优于非"视像中国"学生（表6-9）。

表6-9　自我管理、自主学习能力的独立样本 t 检验结果

检验变量	学生类别	N	M	SD	t	p
一天的活动中，我把学习排在第一位	"视像中国"学生	1313	4.14	0.818	2.944	0.003**
	非"视像中国"学生	1771	4.05	0.883		
我会制订自己的学习计划和学习时间表	"视像中国"学生	1313	3.95	0.895	4.838	0.000***
	非"视像中国"学生	1771	3.79	0.944		
我会按时完成老师布置的作业	"视像中国"学生	1313	4.41	0.714	4.151	0.000***
	非"视像中国"学生	1771	4.30	0.700		
我会在学习的过程中做好学习笔记	"视像中国"学生	1313	4.23	0.800	5.832	0.000***
	非"视像中国"学生	1771	4.06	0.842		
我目前的在家学习需要家长的不断督促	"视像中国"学生	1313	2.99	1.323	-3.551	0.000***
	非"视像中国"学生	1771	3.16	1.211		

续表

检验变量	学生类别	N	M	SD	t	p
我认为自己有能力解决疫情期间居家学习中遇到的问题	"视像中国"学生	1313	3.87	0.934	7.459	0.000***
	非"视像中国"学生	1771	3.62	0.942		

　　另外，本研究还对两个群体疫情期间居家在线学习过程中遇到的困难进行了比较，发现"视像中国"学生群体在自我管理能力和自主学习能力及学习注意力方面要明显优于非"视像中国"学生（图6-10）。

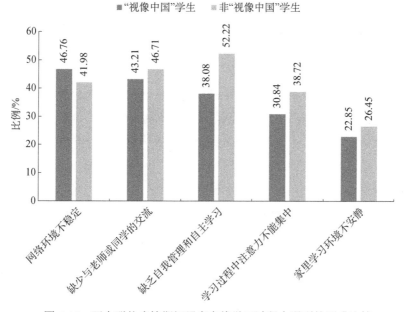

图6-10　两个群体疫情期间居家在线学习过程中遇到的困难比较

　　上述数据分析结果表明，在线课程学习可以在一定程度上提高中小学生的自我管理和独立学习、自主学习能力，在培养学生自主学习策略（例如，制订学习计划、做学习笔记）方面会有所帮助，也可以提高学生的注意力。

第七章　抗疫新常态下中小学混合学习新发展

第一节　学习科学新理念引领下的深度混合学习

随着 2020 年秋季学期开学后整个社会进入疫情防控的新常态，线上线下混合学习也正在成为新时期中小学教育教学改革和发展的新常态。

2021 年 1 月 20 日，《教育部等五部门关于大力加强中小学线上教育教学资源建设与应用的意见》出台，这是抗疫新常态下中国政府积极应对社会变革和教育变革的重要政策举措。与过去相比，这一文件的出台更是提出"学校要将充分利用线上教育教学资源作为深化教育教学改革、提高教育教学质量的重要途径和有力抓手"，这一战略定位对于抗疫新常态下中小学混合学习的常态化实施具有重要的促进作用。

课堂变革是当前我国基础教育改革和发展的深水区，也是困扰学校和教师的一个异常复杂的改革难点与痛点。《中共中央 国务院关于深化教育教学改革全面提高义务教育质量的意见》中就明确提出了"强化课堂主阵地作用，切实提高课堂教学质量"的新要求，新出台的《教育部等五部门关于大力加强中小学线上教育教学资源建设与应用的意见》更是明确提出了要"完善线上教育教学资源建设与应用保障体系……更好地服务课堂教学，服务学生自主学习……全面提高基础教育质量"。在克莱顿·克里斯坦森研究所关于 K-12 在线与混合学习的颠覆性创新理论中，指出了在线学习进入基础教育领域经历的两个发展阶段：第一个阶段是为了满足基础教育领域学校课堂学习之外的少数学生群体的特定需求，例如，大学先修课程（AP 高级课程）、补习课程、学校师资缺乏的课程等，因此处于整个基础教育系统的非主流地位。当在线学习逐步普及，被越来越多的学校（学生）接受，并且开始逐步融入实体学校的课堂教学时，便进入了以混合学习为特征的第二个发展阶段，即由校园内的混合学习应用引发的以学生为中心的课堂变革新阶段。经过十多年的发展，全球基础教育领域的在线学习正在进入以校园内混合学习实施为主的第二个阶段，混合学习正在成为全球基础教育课程和教学改革与发展的新趋势，也面临着新的发展机遇。

在混合学习中，线上线下的混合是促进学生学习的手段和有效方式，其核心和目的是改善和促进学生的学习。因此，认识和厘清学习的本质，是中小学混合学习有效实施的基础和前提。自 20 世纪 90 年代以来，人类关于学习研究的新进展，尤其是脑与学习科学关于学习的本质和特性的重新解读，为新时期中小学混合学习的有效实施提供了新的理论指引。

一、学习科学正在成为新时期以学生为中心教育变革的新基础

对于许多教育管理者及一线教师来讲，学习科学还是一个比较陌生的概念，但是对于新时代的教师专业发展和以学生为中心的教育变革而言却至关重要。尤其是进入 21 世纪之后，学习科学已成为诸多发达国家或地区教育实践变革的重要理论基础，正在成为一线教师进行以学生为中心教学实践创新的重要理论基础。正如教育部教师工作司司长任友群教授等指出的："未来中国的教育教学改革应该是以学习者为中心的，在教育教学改革中引入学习科学是无可争议的立场。"①"学习科学的研究和实践符合新时代我国教育改革和发展的新要求与新目标，学习科学的使命之一是让我们关注到真实课堂中学生的学习……学习科学不仅仅是一个理论，最后一定要落地到中小学的日常教学。"②又如，日本著名教育学者佐藤学教授指出，如果说 19 世纪和 20 世纪的老师都

① 任友群，裴新宁，赵健等.学习科学：为教学改革带来了新视角[J].中国高等教育，2015（2）：54-56.

② 任友群.教育教学改革要睁眼看世界[N].中国教育报，2014-03-10（12）；任友群，裴新宁，赵健等.学习科学：为教学改革带来了新视角[J].中国高等教育，2015（2）：54-56；佚名.2018-08-29.首届"世界教育前沿峰会"10 月举行[EB/OL].http://wb.sznews.com/attachment/pdf/201808/29/b80b90c1-6382-43c4-b68c-0976d0c873ea.pdf[2021-09-19].

是教的专家，那么 21 世纪的教师则必须成为"学习的专家"①；钟启泉在《解码教育》一书中谈道："20 世纪 90 年代初，脱胎于认知科学的当代学习科学新进展为我们揭示了诸多变革'学习'概念的视点……在我国教育学术界，这种学习科学以其崭新的概念框架及其研究证据，正以摧枯拉朽之势把陈腐不堪的凯洛夫教学思想体系化为齑粉。从行为主义走向社会建构主义的教学研究与实践，已势不可挡。"②

经过 21 世纪以来国内众多教育研究者和教育管理者的持续努力，学习科学正在从学术研究的殿堂走向教育教学变革的实践，正在被越来越多的实践者了解、熟悉和接受，尤其是在国内教育发达地区，一场以学习科学为引领的课堂变革正在悄然进行，学习科学正在成为推动新时期以学生为中心教育教学实践变革的新引擎。

回顾进入 21 世纪以来推动学习科学及脑科学研究从学术殿堂走向教学实践变革的主要因素，可以归纳为如下三个方面。

（一）脑研究技术及脑科学研究教学应用成果的爆发式增长

学习科学的发展离不开日益丰富的脑研究技术及脑科学研究的重要支撑。"脑研究在近年来有了井喷式的进展，由于有了先进的新技术，可以帮助我们理解某些诸如学习、思维以及记忆工作的途径和方式"③，脑科学研究能够"从基础科学的层面上揭示学习的生物学机制，从而确保教育的实践建立在真正科学的基础之上"④。

推动近年来脑科学研究成果爆发式增长的首要动力是脑研究技术的发展。除了公众比较熟悉的使用外置于头部的电极来检测脑电波的脑电图（electroencephalogram，EEG），还包括借助于测量大脑磁场来分析大脑活动的脑磁图（magnetoencephalography，MEG），利用放射性示踪剂测量大脑能量消耗的正电子发射计算机断层扫描（positron emission tomography，PET），利用

① 〔日〕佐藤学. 学校的挑战：创建学习共同体[M]. 钟启泉，译. 上海：华东师范大学出版社，2010：170-175.

② 钟启泉. 解码教育[M]. 上海：华东师范大学出版社，2020：2.

③ 〔丹〕克努兹·伊列雷斯. 我们如何学习：全视角学习理论[M]. 孙玫璐，译. 北京：教育科学出版社，2014：13.

④ 郑旭东，王美倩. 学习科学：百年回顾与前瞻[J]. 电化教育研究，2017（7）：13-19.

无线电波和磁体形成大脑内部精细影像的磁共振成像（magnetic resonance imaging，MRI），通过检测血液的氧含量来精确检测大脑和神经递质活动的功能性磁共振成像（functional magnetic resonance imaging，fMRI）技术等。[①]这些新的脑研究技术为人类更加深入地了解脑的功能和结构提供了新的可能，同时也为学习和教育变革提供了更加坚实、有力的技术支撑。正如北京师范大学原校长董奇指出的："21世纪的科学有很多重要趋势，其中一个趋势就是人类从关注外部世界转到关注人类自身，尤其是关注人类大脑的奥秘。揭示人脑的奥秘，这已成为21世纪科学界共同关心的前沿课题之一。"[②]

在脑科学技术及科学研究成果突飞猛进的同时，以美国为代表的一些西方研究者和实践者，尤其是在课程开发与督导协会（Association of Supervision and Curriculum Development，ASCD）的大力推动之下，自20世纪90年代末期以来一直致力于推广"基于脑的教育"改革。他们旨在将脑科学、建构主义学习理论、情境认知理论等研究成果引入教育领域[③]，已经形成了一系列对于课堂教学变革具有指导意义的研究成果，例如，苏泽（D. A.Sousa）的《脑与学习》（*How the Brain Learns*）、詹森（E. Jensen）的《适于脑的教学》（*Teaching with the Brain in Mind*）、哈迪曼（M. Hardiman）的《脑科学与课堂：21世纪以脑为导向的教学模式》（*The Brain-Targeted Teaching Model for 21-Century Schools*）等。

（二）人工智能技术为创建"以学生为中心"的学习环境提供了有力支撑

回顾学习科学共同体的诞生过程可以发现，学习科学自诞生之日起就和人工智能有着千丝万缕的联系——在学习科学共同体形成的过程中，Logo语言发明人、人工智能先驱之一、麻省理工学院媒体实验室的创始人之一佩伯特（S. Papert）曾经起到了关键的推动作用；世界上第一个学习科学研究所和学习

①　〔美〕梅丽莎·阿布拉莫维茨. 脑科学[M]. 胡志安，主译. 上海：上海科学技术出版社，2017：13-20.

②　佚名. 2018-08-03. 北师大校长董奇：未来教育的重要特征是要基于脑、适于脑、促进脑[EB/OL]. http://www.sohu.com/a/245083241_100154279[2021-09-19].

③　周加仙. "基于脑的教育"理论述评[J]. 外国教育研究，2007（2）：1-6.

科学研究生专业创建于美国西北大学，其创始人为人工智能科学家尚克（R. Schank）。学习科学共同体的第一届学术会议（第一届学习科学国际会议）也诞生于 1991 年在美国西北大学举办的第五届"教育中的人工智能国际会议"期间。①

学习科学的诞生源于人类对复杂学习问题的跨学科探究，人工智能就是其中的重要领域之一。学习科学不但关注"学习是什么""人是如何学习的"这样的基础理论研究，更注重在新的学习科学理论指导下的智能化学习分析技术、学习评价技术及以学生为中心的新型学习环境（包括学习工具、学习资源等）的创建，像各类智能学习工具、智能学伴、教育机器人、学习者数字画像、基于大数据的学习诊断与分析系统、基于自适应系统的个性化学习系统等。这些新的智能化技术、新型学习环境为落实中国学生的核心素养、促进学生全面而个性化的发展提供了新的思路与可能。

（三）新时期以学生为中心的教育生态重构的现实需求

21 世纪，面对日益复杂的社会发展和未来挑战，各国纷纷制定和出台了应对全球竞争及满足各自政治、经济及社会发展需求的教育变革方案，重构了面向未来的全新教育生态系统。对于我国而言，从《中国学生发展核心素养》的出台到《中共中央 国务院关于深化教育教学改革全面提高义务教育质量的意见》的实施，教育系统正面临一场与世界同步的、前所未有的深刻变革，目标、课程、教与学的方式、评价、环境等都与教师过去习惯和熟悉的大不相同。新的教育生态重构必然需要新理论、新政策、新方法、新环境及新能力的支撑，脑科学及学习科学的研究成果正逢其时。钟启泉认为"学习科学为课堂转型提供了实证依据与理论基石"②，任友群指出，学习科学的研究使教育理想的实现成为可能，学习科学的进展有利于学习和教学方式的创新，学习科学的引入给传统教育教学研究带来了新气息。③

---

① 郑旭东，王美倩，吴秀圆. 学习科学：百年回顾与前瞻[M]. 北京：科学出版社，2020：88-101.

② 钟启泉. 颠覆"常识"的新常识——学习科学为课堂转型提供实证依据与理论基石[J]. 教育发展研究，2018（24）：1-8.

③ 任友群. 教育工作者既要走进课堂，也要走进实验室[J]. 上海教育，2014（3）：29.

二、什么是学习科学

（一）学习科学的概念界定

人类对于学习问题的研究经历了较长的历程，但今天我们探讨的学习科学特指 20 世纪 90 年代在认知科学已有研究的基础上诞生的一个全新的研究教与学的跨学科领域。国际学习科学领域的知名研究专家、美国北卡罗来纳大学教堂山分校的索耶（R. K. Swayer）教授在《剑桥学习科学手册》一书中指出，学习科学是一个研究教和学的跨学科领域。它的研究范围非常广泛，不仅包括学校课堂中的正式学习，也包括家庭内、工作中以及同伴之间发生的非正式学习。学习科学的目的在于更好地理解认知和社会化过程可以产生最有效的学习，并且利用这些知识来重新设计已有的课堂及其他学习环境，使人们可以更加有效和深入地进行学习。[①]简而言之，学习科学主要就是研究"人究竟是怎么学习的，怎样才能促进有效地学习"[②]。

学习科学作为一个独立的研究领域，诞生于 1991 年，其标志是第一届学习科学国际会议的成功举办和《学习科学期刊》（*Journal of the Learning Sciences*）的创刊。1991 年，美国西北大学创建了世界上第一个学习科学专业。"学习科学成为研究人们如何学习以及如何去支持学习的一门学科。它既是一门年轻的学科，也是一个年轻的学术团体，其简短发展史，反映了许多不同学科的研究者对学习和如何支持学习的理解"[③]，其宗旨在于为教育创新提供坚实的科学基础[④]。

（二）学习科学的关键特征

关于学习研究的新趋势和新进展，丹麦学者伊列雷斯指出，"比起传统上

---

① 〔美〕R. 基思·索耶. 剑桥学习科学手册[M]. 徐晓东等，译. 北京：教育科学出版社，2021：1.

② 中国学习计划报告（2018）[R]. 北京：北京大学教育学院学习科学实验室，北京大学基础教育研究中心，2019.

③ 任友群，赵建华，孔晶等. 国际学习科学研究的现状、核心领域与发展趋势——2018 版《国际学习科学手册》之解析[J]. 远程教育杂志，2020（1）：18-27.

④ 〔美〕R. 基思·索耶. 剑桥学习科学手册[M]. 徐晓东等，译. 北京：教育科学出版社，2021：16.

将学习视为一种心理学领域，近年来我们对学习的理解已经有了很大的超越，并扩展到了更为宽广的视野"①。学习科学的诞生，正是对上述趋势的有力回应："学习科学不同于以往任何一个学科，它具有实证性、综合性、跨学科和情境性特点。"②与过去以心理学为主导的学习研究相比，学习科学具有如下几个方面的关键特征。

1. 把对学习研究的焦点回归到人本身

20世纪以来，人类对学习的研究主要经历了如下三个发展阶段：①"动物是如何学习的"。这一阶段关于学习的研究远离学校的教学实践，其代表性观点是人们熟知的行为主义学习理论。该理论流行于20世纪早期，适合于基本技能的训练和相对低阶的教学目标。②"机器是如何学习的"。20世纪50年代，关于学习的研究开始出现"认知转向"，为人类学习的研究提供了一种新思路和新方法。尤其是受到计算机科学的影响，认知心理学家开展了一系列影响深远、意义重大的关于人类记忆和信息加工过程的研究，关于专家和新手的比较研究及关于人类问题解决的研究。这一理论在20世纪中期广泛流行，适合基本事实的教学。③"人是如何学习的"。在认知科学已有研究的基础上，20世纪90年代诞生了一个全新的研究教与学的跨学科领域——学习科学，与前两个阶段相比，学习科学把对学习研究的焦点回归到人自身，"学习是知识建构"是其关于学习本质认识的代表性观点。该理论适合复杂概念、策略学习及高阶思维的教学。这一时期关于学习的研究，超越了经典认知心理学只关注个体学习的狭隘视野，开始将个体的学习置于更广泛的历史、社会、文化等多样化学习情境之中。

2. 倡导在真实的学校和课堂情境中研究学习

相较于过去以实验室为主的对学习的孤立研究，学习科学倡导在真实的学习情境及课堂情境中研究复杂的学习问题，将科学知识的发现和创新与应用学习科学改进教学实践作为其同等重要的宗旨和目标。

---

① 〔丹〕克努兹·伊列雷斯. 我们如何学习：全视角学习理论[M]. 孙玫璐，译. 北京：教育科学出版社，2014：6.

② 任友群，赵建华，孔晶等. 国际学习科学研究的现状、核心领域与发展趋势——2018版《国际学习科学手册》之解析[J]. 远程教育杂志，2020（1）：18-27.

3. 注重学习环境的建构

学习科学不但研究和关注学习的本质（学习究竟是什么）和学习的过程（人是如何学习的），同时也非常重视以学生为中心的学习环境建构，强调要运用学习科学的相关知识来重新设计课堂学习及其他学习环境。因此，与过去以心理学为主导的学习研究相比，新的学习科学既是一门研究学习本质、学习过程的基础科学，也是一门应用驱动的"设计科学"，研究和探讨如何构建并促进有意义学习和深度学习的有效环境。①

4. 强调"实践问题驱动"的教育科学研究范式

普林斯顿大学司托克斯（D. E. Stokes）教授在 1997 年提出了科学研究的"象限模型"：处于第一象限的"纯基础研究"，以波尔（N. H. D. Bohr）的研究为代表；处于第二象限的"由应用引发的基础研究"，以巴斯德（L. Pasteur）的研究为代表，故也称为"巴斯德象限"；处于第三象限的"纯应用研究"，以爱迪生（T. A. Edison）的研究为代表。②学习科学家认为，学习科学的研究属于"应用驱动的基础研究"（基于实践问题的基础研究），因此具有"巴斯德象限"的性质③，同时学习科学也就具有了学习理论创新和教学实践变革的双重使命。

三、脑与学习科学关于学习本质和特性的重新解读

近百年来，人类对于学习的研究和认识经历了一个由简单到复杂、由单维到多维、由静态到动态、由经验到科学的逐步深入过程。"学习科学的目标是对人类学习有一个整体性的理解和认识……当人类学习被看成是一个系统现象的时候，则会形成一个基础假设，那就是学习是在生物本能、社会文化和生产工具的共同作用下产生的。"④

---

① Sawyer R K. The Cambridge Handbook of the Learning Sciences[M]. Cambridge：Cambridge University Press，2014：22-31.

② 〔美〕D. E. 司托克斯. 基础科学与技术创新：巴斯德象限[M]. 周春彦，谷春立，译. 北京：科学出版社，1999：62-64.

③ 〔美〕理查德·E. 梅耶. 应用学习科学——心理学大师给教师的建议[M]. 盛群力，丁旭，钟丽佳，译. 北京：中国轻工业出版社，2016：10-11

④ 任友群，赵建华，孔晶等. 国际学习科学研究的现状、核心领域与发展趋势——2018 版《国际学习科学手册》之解析[J]. 远程教育杂志，2020（1）：18-27.

（一）脑与学习科学研究揭示的学习本质

脑科学的加入，令学习科学整个领域面貌一新，也引入了不少行之有效的经验，解答了不少疑团，但也否定了一些没有依据的假设。[①]尤其是进入 21 世纪以来，随着脑研究技术的不断发展，脑与认知神经科学关于学习的研究取得了一系列新成果。例如，新的科学研究向教育研究者和教师揭示了"神经元是学习开始的地方"[②]，学习的基础就在于神经元之间相互联系的改变，学习和记忆的过程是以相互联结的神经网络为基础，就是不断扩展和优化神经网络。学习的过程是新的突触不断形成的过程，学习的本质是构建神经元之间的联结。因此，教育神经科学家从细胞层面给出了学习的定义："学习是大脑对刺激做出反应、建立神经联结，以形成信息加工网络和信息存储装置的过程。"[③]

另外，研究还揭示了学习是一个复杂的、受到多种因素影响的过程，是在认知、情绪和生理层面进行多层次信息交流的过程。同时，脑科学研究还是揭示学习与情绪、运动及睡眠之间密切关系的有力证据。

1. 长期以来，人们一直忽视了情绪对于学习的重要影响和作用

进一步来说，在人类的学习过程中，情绪通常被认为对学习起着辅助作用，甚至经常把情绪作为一种破坏性的力量，认为是情绪干扰了学习。因此，教师或家长经常会期望或要求学生能够"清空杂念"，进而专心学习。[④]

近年来，随着脑科学和教育神经科学研究的不断深入，人们越来越深刻地认识到脑内的认知和情绪不是分离的系统，两者在大脑结构和功能上都是密切相关的[⑤]，而且相互依赖、相互作用，共同支持或抑制学习[⑥]。正如丹麦学习实

---

① 任友群，赵建华，孔晶等. 国际学习科学研究的现状、核心领域与发展趋势——2018 版《国际学习科学手册》之解析[J]. 远程教育杂志，2020（1）：18-27.

② 〔美〕埃里克·詹森. 适于脑的教学[M]. 北京师范大学"认知神经科学与学习"国家重点实验室，"脑科学与教育应用研究中心"，译. 北京：中国轻工业出版社，2005：13-17，99-100.

③ 经济合作与发展组织. 理解脑——新的学习科学的诞生[M]. 周加仙等，译. 北京：教育科学出版社，2010：33.

④ 〔美〕戴维·A. 苏泽. 心智、脑与教育：教育神经科学对课堂教学的启示[M]. 周加仙等，译. 上海：华东师范大学出版社，2013：60.

⑤ 〔美〕玛丽亚·哈迪曼. 脑科学与课堂：以脑为导向的教学模式[M]. 杨志，王培培等，译. 上海：华东师范大学出版社，2018：51.

⑥ 〔美〕戴维·A. 苏泽. 心智、脑与教育：教育神经科学对课堂教学的启示[M]. 周加仙等，译. 上海：华东师范大学出版社，2013：55.

验室的伊列雷斯教授指出的，"近年来的脑科学研究也已经贡献了一些成果，在一些重要方面能够补充和纠正学习以及其他领域中现有的心理学理论。其中最有关键性重大意义的发现恐怕是——在一个正常和健康的脑中，我们通常称之为'理智'的过程，不能离开我们称之为'情绪'的东西独立发挥功能"①。事实上，研究者发现，情绪几乎会影响学生的整个认知过程，包括注意、记忆、问题解决、决策等。②

这一系列研究成果告诫学校管理者及教师在教学中不能再把学习和情绪分开来考虑，更不能把情绪作为一种破坏性、干扰性的力量。科学的教学应该将情绪与正在建构的认知知识结合起来，而不是设法消除或者超越情绪。③

2. 运动能够促进学习

蒙台梭利（Montessori）很早就指出了运动在认知和学习中的重要性："我们这个时代最大的错误就是把运动当作运动本身，当作与其他高级功能分离的东西……心智的发展与我们的运动有紧密关联，并且心智发展可能依赖着个体运动的发展。"④

近年来，脑科学的研究不断表明，运动对于学习和记忆非常重要。运动能增加通过脑部及全身的血液流量，而脑中血量充足对海马体（形成长期记忆的区域）有效地发挥功能尤其重要。因此，运动能够激活更多的长时记忆区域，从而帮助学习者在以往的学习与新的学习之间建立更多的联系。研究发现，运动还能触发脑中释放出一种对神经系统最有益的化学物质——脑源性神经营养因子（brain-derived neurotrophic factor，BDNF），有了这种蛋白质，幼小的神经元才得以保持健康，新生的神经元才得以顺利成长，脑部的海马区对此的反应最敏锐。学习速度和 BDNF 水平有直接的关系。德国的一项研究发现，人们

① 〔丹〕克努兹·伊列雷斯. 我们如何学习：全视角学习理论[M]. 孙玫璐，译. 北京：教育科学出版社，2014：14.
② 伍海燕，王乃弋，罗跃嘉. 脑、认知、情绪与教育——情绪的神经科学研究进展及其教育意义[J]. 教育学报，2012（4）：48-54.
③ 〔美〕戴维·A. 苏泽. 心智、脑与教育：教育神经科学对课堂教学的启示[M]. 周加仙等，译. 上海：华东师范大学出版社，2013：55, 57-60, 11-12.
④ 转引自：〔美〕玛丽亚·哈迪曼. 脑科学与课堂：以脑为导向的教学模式[M]. 杨志，王培培等，译. 上海：华东师范大学出版社，2018：14.

在运动后学习词汇的速度比运动前提高了 20%。①还有相关研究表明,每天参与体育运动的孩子和那些没有每天参与体育运动的孩子相比,能够表现出更好的运动适应性,学习成绩更好,对学习的态度也更加积极。②

运动不但能够增强记忆,还与脑容量的增加、细胞增殖、认知加工以及情绪调节有着很强的关联,这极大地挑战了"让学生坐着听课"的传统课堂设置。③

3. 睡眠对于学习和记忆非常重要

近年来,脑科学从行为层面到分子层面的研究都不断表明,睡眠对于学习和记忆非常重要。研究发现,脑在睡眠时非常活跃,仍然能对最近的经验重新进行"离线"加工——睡眠有利于维持神经元之间的有效联结,能够强化突触间的主要神经联结,剪除次要神经联结。因此,睡眠有利于人类记忆的形成。④

睡眠不但能够加深记忆,还能提高身体机能、促进深层理解。研究者认为,睡眠至少能为学习带来两大好处:一方面,睡眠能使人恢复精气神,醒来的时候思维会更加敏捷,有助于学习新事物;另一方面,睡眠能够巩固白天的记忆,将其转化为长时记忆。这个过程不只是强化,还能提高个体从记忆中找出潜在规律的概率。⑤

因此,对于学生的学习而言,研究者认为高效的睡眠可以让其更好地记住当天在学校学到的信息和技能。睡眠剥夺和睡眠困难与学业成绩不良之间密切相关,即那些睡眠被剥夺的学生比睡眠时间长的学生成绩差,也更有可能变得抑郁。⑥"斯坦福黄金法则"中则提出了"要学好,先睡饱"的高效学

---

① 〔美〕苏泽. 教育与脑神经科学[M]. 方彤, 黄欢, 王东杰, 译. 上海:华东师范大学出版社, 2014:26-27;〔美〕约翰·瑞迪,〔美〕埃里克·哈格曼. 运动改造大脑[M]. 浦溶, 译. 杭州:浙江人民出版社, 2013:37.

② 〔美〕埃里克·詹森. 适于脑的教学[M]. 北京师范大学"认知神经科学与学习"国家重点实验室, 脑科学与教育应用研究中心, 译. 北京:中国轻工业出版社, 2005:99-100.

③ 〔美〕戴维·A. 苏泽. 心智、脑与教育:教育神经科学对课堂教学的启示[M]. 周加仙等, 译. 上海:华东师范大学出版社, 2013:55, 57-60, 11-12.

④ 经济合作与发展组织. 理解脑——新的学习科学的诞生[M]. 周加仙等, 译. 北京:教育科学出版社, 2010:84-85.

⑤ 〔美〕丹尼尔·L. 施瓦茨,〔美〕杰西卡·M. 曾,〔美〕克里斯滕·P. 布莱尔. 科学学习[M]. 郭曼文, 译. 北京:机械工业出版社, 2018:400-401.

⑥ 经济合作与发展组织. 理解脑——新的学习科学的诞生[M]. 周加仙等, 译. 北京:教育科学出版社, 2010:85;〔美〕戴维·A. 苏泽. 心智、脑与教育:教育神经科学对课堂教学的启示[M]. 周加仙等, 译. 上海:华东师范大学出版社, 2013:14.

习建议。①

（二）梅耶关于学习的"三个隐喻"

美国著名学习科学大师理查德·梅耶（R. E. Mayer）关于学习的三个隐喻影响广泛，尤其被广大的实践者熟悉和接受。

1. 隐喻1：学习即强化反应

该隐喻是经典的行为主义学习理论观点，流行于20世纪早期，适合于基本技能的训练。它认为学习是指一个刺激和一个反应之间联系的增强或削弱。行为主义学习理论拒绝对学习者内在的学习过程进行推测，他们只研究外显的、可以观察到的行为，只适合解释相对简单的学习活动（低阶/浅层教学目标）。也正因为如此，在高级技能的教学设计活动中，行为主义的作用有限。

2. 隐喻2：学习即获得知识

该隐喻认为学习就是"增强学习者记忆中的知识输入量"②。教师的角色就是向学生呈现信息，学习者的角色则是接受并存储这些信息。该隐喻强调教师是信息的传播者，学生是信息的接收者；学习者的记忆是一个空的容器，需要教师传递信息来将它填满。这种对学习的理解在20世纪中期广泛流行，适合基本事实的教学。

3. 隐喻3：学习即知识建构

这是典型的建构主义学习观，该隐喻认为学习是"学习者主动建构自身心理表征并由此做出推断的过程……主动学习发生于学习者在学习过程中进行恰当的认知加工"③。学习者的角色是理解呈现的材料的意义，教师的角色是扮演认知指导者，在学习过程中帮助学习者进行认知加工。该隐喻在20世纪后期广泛流行，适合复杂概念和策略的教学。

---

① 〔美〕丹尼尔·L. 施瓦茨，〔美〕杰西卡·M. 曾，〔美〕克里斯滕·P. 布莱尔. 科学学习[M]. 郭曼文，译. 北京：机械工业出版社，2018：400.

② 〔美〕理查德·E. 梅耶. 应用学习科学——心理学大师给教师的建议[M]. 盛群力等，译. 北京：中国轻工业出版社，2016：22.

③ 〔美〕理查德·E. 梅耶. 应用学习科学——心理学大师给教师的建议[M]. 盛群力等，译. 北京：中国轻工业出版社，2016：23.

梅耶还特别强调，这三种学习领域都建立在研究的基础上，每一个隐喻都曾对学习科学产生了重要的影响，并推动了教育实践的发展。梅耶认为每一种学习隐喻都将持续影响学习理论和教育实践的发展，学习即强化反应的隐喻与认知技能的学习密切相关；学习即知识获得的隐喻与事实学习的关系最为密切；学习即知识建构的隐喻则与概念和策略的学习融为一体。[①]

（三）伊列雷斯的"全视角学习理论"

随着脑科学和学习科学研究的不断发展，关于学习本质的认知不断深入，其中一个重要的共识就是"学习被理解为一种宽广领域和复杂的范畴"[②]，"学习是一种复杂的系统现象"[③]。为了能够较为清晰地认识和描述学习的复杂性，丹麦学习科学家伊列雷斯在整合了关于学习研究的众多已有成果的基础上，提出了一个理解学习的综合性框架——"全视角学习理论"（图7-1）。[④]伊列雷斯认为，"一共有三个维度构成了所有学习的部分：内容、动机和互动。这也意味着学习总是同时在一个个体、人际交往以及社会性的水平上完成的，学习结果有着一种个体现象的特征，但它总是打上了人际交往和社会性的印记"[⑤]。在该框架坚持的理论立场上，伊列雷斯强调自己是从本质为建构主义的立场上建构起来的，因此学习被认为是一种内部的心理过程和个体与其环境之间社会互动过程的一种整合[⑥]。

如图7-1所示，上述关于学习的三个维度揭示了学习的广泛性和多样性：①内容维度是关于"我们学习什么的"，是传统学习研究者主要关注的部分，也是我们日常谈论学习时的直接关注点，包含知识、理解和技能三个方面。内

---

① 〔美〕理查德·E. 梅耶. 应用学习科学——心理学大师给教师的建议[M]. 盛群力等，译. 北京：中国轻工业出版社，2016：23.

② 〔美〕克努兹·伊列雷斯. 我们如何学习：全视角学习理论[M]. 孙玫璐，译. 北京：教育科学出版社，2014：122.

③ 任友群，赵建华，孔晶等. 国际学习科学研究的现状、核心领域与发展趋势——2018版《国际学习科学手册》之解析[J]. 远程教育杂志，2020（1）：18-27.

④ 〔美〕克努兹·伊列雷斯. 我们如何学习：全视角学习理论[M]. 孙玫璐，译. 北京：教育科学出版社，2014：26.

⑤ 〔美〕克努兹·伊列雷斯. 我们如何学习：全视角学习理论[M]. 孙玫璐，译. 北京：教育科学出版社，2014：273.

⑥ 〔美〕克努兹·伊列雷斯. 我们如何学习：全视角学习理论[M]. 孙玫璐，译. 北京：教育科学出版社，2014：280.

容维度寻求的是建构意义和掌握知识与技能，从而强化了我们的功能性。②动机维度涉及学习所需心智能量的运用，包括动力、情绪和意志，寻求的是维持人的心智和身体（包括情绪）平衡，与此同时发展我们的敏感性。③互动维度涉及个体与其所处社会、物理及文化等环境之间的互动，包括活动、对话和合作，其寻求的是实现我们认为可以接受的人际交往与社会的整合，与此同时发展我们的社会性。①此外，不可忽视的是，所有学习总是发生在一个外部的社会情境之中。

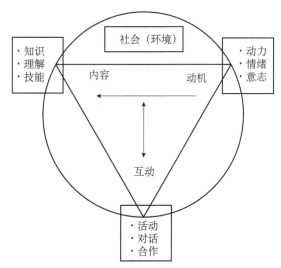

图 7-1　伊列雷斯的"全视角学习理论"

四、学习研究与教学实践关系发展的三个阶段

梅耶提出，教育的核心使命是帮助人学习。如果你想帮助人学习，那么对于如何开展学习做到心中有数的话，就会获益良多。②然而，如何在学习研究与教学实践之间架起有效应用的桥梁，却是多年来一直困扰人们的难题。

1899 年，美国著名心理学家威廉·詹姆斯（W. James）在《和教师的谈话》中谈道："教师要想在专业上获得长远的发展，要想在工作中体现出更大

---

① 〔美〕克努兹·伊列雷斯. 我们如何学习：全视角学习理论[M]. 孙玫璐，译. 北京：教育科学出版社，2014：26-30.

② 〔美〕理查德·E. 梅耶. 应用学习科学——心理学大师给教师的建议[M]. 盛群力等，译. 北京：中国轻工业出版社，2016：Ⅶ.

的热诚，那么，就越来越需要心理学家弄清楚一些基本的原理……例如，有关心智如何开展运作的知识能使得教师负责的几个班级的课堂管理工作，变得更加轻松且高效。心理学理应给教师提供很大的帮助……"①然而，詹姆斯发现，当时一线教师所处的现实却是"如果你觉得心理学，即研究心智规律的科学，能够在课堂中立竿见影地得出明确的教学方案、教学计划和教学方法，那就大错特错了"②。究其原因如下：一是心理学研究人员未能提供与教育密切相关的学习科学；二是学习科学难以直接转化成一线教师需要的教学策略和教学方案。③

一百多年后，梅耶再次分析了将学习理论、学习科学研究成果转化为教学实践的问题，认为远没有人们初期想象得那么直接和简单，他总结了近一百年来学习研究和教学实践两者之间关系发展经历的三个阶段：单行线、死胡同和双向道，如表 7-1 所示。④

表 7-1　学习研究和教学实践两者关系发展的三个阶段

阶段	时间段	描述
单行线	20 世纪早期	基础研究者建立学习科学，实践工作者将其应用到学习中
死胡同	20 世纪中期	基础研究者忙在于在人为的实验情景下构筑自己的学习理论，而应用研究者根本看不上这些研究成果；应用研究者则关注什么样的教学策略、方法是最有效的，至于这些教学方法究竟是如何起作用的，则不予深究。这种做法同样也被基础研究者鄙视
双向道	20 世纪后期至今	心理学家逐渐将其研究领域扩大到真实的学习情景中，教育工作者开始重视心理学的相关研究，并要求学习科学的研究者构建一种学习理论，以解释真实教学情景中的学习问题

（一）"单行线"阶段

20 世纪早期，人们对科学能解决社会问题抱有很大的希望。按照这个愿

---

① 转引自：〔美〕理查德·E. 梅耶. 应用学习科学——心理学大师给教师的建议[M]. 盛群力等，译. 北京：中国轻工业出版社，2016：Ⅸ.
② 〔美〕理查德·E. 梅耶. 应用学习科学——心理学大师给教师的建议[M]. 盛群力等，译. 北京：中国轻工业出版社，2016：Ⅹ.
③ 〔美〕理查德·E. 梅耶. 应用学习科学——心理学大师给教师的建议[M]. 盛群力等，译. 北京：中国轻工业出版社，2016：Ⅸ-Ⅹ.
④ 〔美〕理查德·E. 梅耶. 应用学习科学——心理学大师给教师的建议[M]. 盛群力等，译. 北京：中国轻工业出版社，2016：8-9.

景，心理学家开始研究学习者如何学习，教育工作者也将这种学习理论用于课堂实践，这是理论与实践之间的单向交流，即从学习理论直接指向教学实践。结果却发现，这种"单行线"的方式无法解决实际问题。究其原因如下：一是当时的心理学家群体自身在学习理论上难以达成一致；二是这些有限的理论无法直接应用于教学实践。

（二）"死胡同"阶段

20 世纪中期，学习科学和教学实践之间的关系进入"死胡同"阶段。一方面，基础研究者忙于在人为的实验情景下构筑自己的学习理论，例如，研究老鼠如何走迷宫，或者人们如何记忆无趣的单词；另一方面，应用研究者则关注什么样的教学策略、方法是最有效的。至于这些教学方法究竟是如何起作用的，则不予深究。这一时期致力于学习科学研究的心理学家与关注教育科学的教育工作者之间并没有多少交流。

（三）"双向道"阶段

20 世纪后期，尤其是 21 世纪之后，心理学家与教育工作者之间开始趋向于寻求一种互惠互利的交流关系——心理学家逐渐将其研究领域扩大到真实的学习情景中，教育工作者开始重视心理学的相关研究，并要求学习科学的研究者构建一种学习理论，以解释真实教学情景中的学习问题。

随着脑科学和学习科学研究成果的不断丰富及以学生为中心教育教学实践深度变革的现实需求，学习科学正在走出传统的象牙塔和研究机构的实验室，正在逐步被教育决策者、教育管理者和一线教师了解、接受，学习科学新理念指导下的深层次教学变革已经初露端倪，学习科学和教学实践互惠互利、相互促进的"双向道"阶段正在到来。

五、深度学习指引混合学习实践向高阶段和深层次发展

深度学习是学习科学持续研究和关注的核心主题之一。近年来，随着人工智能的迅猛发展，尤其是 2016 年阿尔法狗"人机大战"事件的广泛影响，深度学习这一概念开始进入公众的视野，也受到教育领域（包括实践者）的

广泛关注。深度学习既是决定人工智能兴衰的关键所在，也是决定未来教育成败的关键所在。①对于深度学习的理解和认识，一般情况下可以从教育学（包括心理学）视角和人工智能视角两个不同的维度进行解读。本书研究和探讨的深度学习属于教育学视角的深度学习研究和应用，认为"深度学习就是为了克服和避免当前教学中的浅层学习、机械学习问题，针砭时弊，通过帮助教师加深对教学本质和过程的理解来使其改进原有教学，促进学生更好地学习"②。

事实上，教育学视角的深度学习由来已久，其对深度学习的研究要远远早于人工智能领域。深度学习作为一个学术概念，它的提出者是瑞典学者马顿（F. Marton）和塞利约（R. Saljo）根据学生在阅读活动中的表现及学习者获取和加工信息的方式，将学习者分为深度水平加工者和浅层水平加工者，并在1976 年首次提出并阐述了深度学习和浅层学习这两个相对的概念。③美国威廉和弗洛拉·休利特基金会（The William and Flora Hewlett Foundation）在实施深度学习战略规划（Deeper Learning Strategic Plan）项目过程中，将深度学习定义为："深度学习是学生胜任 21 世纪工作和公民生活必须具备的能力，这些能力可以让学生灵活地掌握和理解学科知识以及应用这些知识去解决课堂和未来工作中的问题，主要包括掌握核心学科知识、批判性思维和复杂问题解决、团队协作、有效沟通、学会学习、学习毅力等六种基本能力。"④美国国家研究委员会（National Research Council of the National Academies，NRC）在 2010年启动了全国性的深度学习项目，并在美国的不同地区分别建立了深度学习实验学校，形成了深度学习共同体网络，在其 2012 年发布的专题报告《为了生活与工作：发展 21 世纪可迁移的知识与技能》（*Education for Life and Work: Developing Transferable Knowledge and Skills in the 21st Century*）中将深度学习定义为"一种能够使学生将从某一情景中的所学应用到学习新情景中的学习过

①　曹培杰. 智慧教育：人工智能时代的教育变革[J]. 教育研究，2018（8）：121-128.

②　刘月霞，郭华. 深度学习：走向核心素养[M]. 北京：教育科学出版社，2018：序.

③　张浩，吴秀娟. 深度学习的内涵及认知理论基础探析[J]. 中国电化教育，2012（10）：7-11，21.

④　The William and Flora Hewlett Foundation. 2012. Deeper learning strategic plan summary education program[EB/OL]. http://www.hewlett.org/wp-content/uploads/2016/09/Education_Deeper_Learning_Strategy. pdf[2021-09-19].

程（即迁移）"①。

自深度学习的概念被提出以来，很多研究者在此基础上对深度学习进行了不同角度的研究，取得了明显进展。但在很长一段时间内，这些研究更多是学术探讨，并未引发广泛的教育实践。②随着学习科学的兴起和美国国家研究委员会等机构的大力推动，深度学习再次引起了研究者和实践者的关注，并且逐步对教学实践产生一定的影响。学习科学家讨论了他们追求的深度学习与传统的以教师讲授为主的课堂实践之间的不同（表 7-2）。③

表 7-2　深度学习和浅层学习的区别

传统的课堂教学实践（教授主义）	深度学习
学习者没有在课程材料与他们的原有知识、经验之间建立联系	深度学习要求学习者在新旧知识、概念、经验之间建立联系
学习者将课程材料视为不连贯的知识碎片	深度学习要求学习者将他们的知识归纳到相关的概念系统中
学习者记忆陈述性知识和程序性知识，却不理解为什么要这么做，也不知道怎么做	深度学习要求学习者寻找模式和基本原理
学习者遇到不同于课本中讲述的问题时，不知如何解答	深度学习要求学习者评价新的想法，并且能将这些想法与结论联系起来
学习者将陈述性知识和程序性知识视为静态知识，认为这些知识只来自权威著作	深度学习要求学习者理解对话的过程，对话的过程就是知识产生的过程；还需要学习者能够批判性地检查论据的逻辑性
学习者仅仅记忆这些知识，并没有对学习目的和学习策略等进行反思	深度学习要求学习者对其理解及学习的过程进行反思

美国国家研究委员会在《为了生活与工作：发展 21 世纪可迁移的知识与技能》中还提出了关于深度学习的三个领域和六个维度（图 7-2）④，这一框架进一步推动了深度学习由理论研究向教学变革的实践转向。另外，新媒体联盟

---

① Pellegrino J W, Hilton M L. 2012. Education for life and work：Developing transferable knowledge and skills in the 21st century[EB/OL]. http://www.nap.edu/catalog/13398/education-for-life-and-work-developing-transferable-knowledge-and-skills[2021-09-19].

② 中国学习计划报告（2018）[R]. 北京：北京大学教育学院学习科学实验室，北京大学基础教育研究中心，2019：148.

③ 〔美〕R. 基思·索耶. 剑桥学习科学手册[M]. 徐晓东等，译. 北京：教育科学出版社，2010：4.

④ Pellegrino J W, Hilton M L. 2012. Education for life and work：Developing transferable knowledge and skills in the 21st century[EB/OL]. http://www.nap.edu/catalog/13398/education-for-life-and-work-developing-transferable-knowledge-and-skills[2021-09-19].

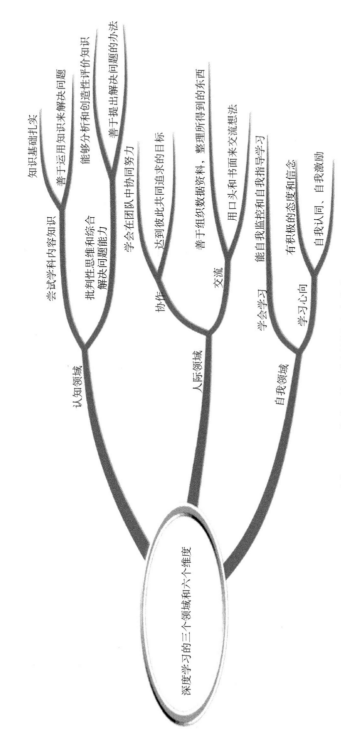

图7-2　深度学习的三个领域和六个维度

（New Media Consortium，NMC）在 2015 年发布的《地平线报告（基础教育版）》（The NMC Horizon Report：2015 K-12 Edition）中也指出，"开展深度学习策略对课堂教学的影响日益深远，这是驱动学校应用教育技术的重要趋势"①。

　　对于国内的基础教育领域而言，基于深度学习的教学实践改革正在进行。例如，教育部基础教育课程教材发展中心于 2014 年在全国多个实验区开展了"'深度学习'教学改进"项目研究，并将其作为深化基础教育课程改革的重要抓手和落实学生发展核心素养及各学科课程标准的实践途径，全国有 15 个实验区的 90 多所实验学习都参与其中。②该项研究是一项"立足中国现实，解决中国教育教学问题，培育中国学生发展核心素养的理论与实践的创新探索"③。该研究认为，"深度学习就是在教师引领下，学生围绕着具有挑战性的学习主题，全身心积极参与、体验成功、获得发展的有意义的学习过程"④。实现深度学习的两个必要前提是教师要深刻理解学科育人价值及教师要深刻理解并尊重学生，并提出了通过单元学习实现深度学习的实践模型。⑤北京大学教育学院学习科学实验室、北京大学基础教育研究中心发布的《中国学习计划报告（2018）》中，提出了让深度学习发生的五大策略：①面向真实的情境。深度学习倡导学习要回归生活，营造面向真实的问题情境，让学生在现实挑战中发现知识、学习知识、运用知识，建立新旧知识之间的必然联系。要想让学生成为解决问题的高手，那就要让他们在真实情境中接受挑战。另外，学习的场所也不再局限于教室和校园，学习既可以在社区和农场，也可以在博物馆和科技馆。②跨学科整合教学。深度学习倡导用完整的学科培育完整的人，通过跨概念、跨学科、跨领域的方式，建设以主题呈现的学校课程体系，弥合分科教学对知识的割裂，让教育回归自然，让学习自然发生。③打破固定的课时。深度学习的课堂将根据不同类型的教学特点，打破 40 分钟或 45 分钟的固定课时安排，根据学科特征和课型内容灵活设置长短课或大小课，开展线上线下相结合的混合式教学，让学生在对话和互动中建构知识，实现知识的有效迁移和

　　① NMC . 2015. The NMC horizon report：2015 K-12 edition［EB/OL］. http://files.eric.ed.gov/fulltext/ED593612.pdf［2021-09-19］.

　　② 刘月霞，郭华. 深度学习：走向核心素养［M］. 北京：教育科学出版社，2018：丛书序.

　　③ 刘月霞，郭华. 深度学习：走向核心素养［M］. 北京：教育科学出版社，2018：16.

　　④ 刘月霞，郭华. 深度学习：走向核心素养［M］. 北京：教育科学出版社，2018：32.

　　⑤ 刘月霞，郭华. 深度学习：走向核心素养［M］. 北京：教育科学出版社，2018：72.

对知识的深度理解。④灵活多元的学习方式。深度学习倡导把知识学习与社会实践、社区服务、参观考察、研学旅行等结合起来，让学习成为建构世界和探索自我的鲜活实践。⑤更加立体的评价。深度学习能否实现，关键在于评价的转型。学校和教师都需要调整评价的视角，把关注点从教师的教转向学生的学，学生在学习活动中的参与度、积极性以及突破原有框架的创造力才是衡量教学效果的关键。同时，利用学习分析、课堂观察等大数据技术，为不同的人定制不同的评价标准，让每一个学生都有出彩的机会。①

六、以深度混合学习提升中小学生的自主学习能力

虽然自主学习、合作学习和研究性学习是 21 世纪以来我国基础教育课程改革大力倡导的三种重要的、以学生为中心的学习方式，2016 年发布的《中国学生核心素养》体系将"自主发展"作为一个重要的核心领域②，但在现实的学校教学中，一些管理人员及教师仍然没有将学生学习能力及自我管理、自主学习能力纳入教学的目标和内容。此次疫情期间对学生居家在线学习的大量研究数据表明，当前中小学生的自主学习能力普遍薄弱，远远不能满足当前社会发展和新时代基础教育改革的迫切要求。例如，王冬冬等对疫情初期基础教育领域的在线教学情况开展了全国范围内的调查研究，表明基础教育领域面对突如其来的大规模在线教学准备严重不足，主要体现在教育信息化基础设施、教师在线教学能力和学生在线自主学习能力几个方面③；北京大学教育学院大数据研究中心的相关研究指出，疫情期间除设备短缺、网络故障以及教学方式改变等客观因素外，学生的自律性差、学习的主动性不足也是导致学生成绩出现普遍下滑的重要原因④；北京师范大学中国教育政策研究院的问卷调查结果显示，"自觉性和自律性是影响居家学习和网络学习的重要

① 中国学习计划报告（2018）［R］. 北京：北京大学教育学院学习科学实验室，北京大学基础教育研究中心，2019：149-151.
② 人民网. 2016-09-14.《中国学生核心素养》发布［EB/OL］. http://edu.people.com.cn/GB/n1/2016/0914/c1053-28714231.html［2021-09-19］.
③ 王冬冬，王怀波，张伟等. "停课不停学"时期的在线教学研究——基于全国范围内的 33240 份网络问卷调研［J］. 现代教育技术，2020（3）：12-18.
④ 郭丛斌，徐柱柱，方晨晨等. 2020-07-13. 全国疫情期间高中在线学习状况调查报告［EB/OL］. http://m.thepaper.cn/baijiahao_8249890［2021-09-19］.

因素"[①]；中国教育科学研究院的研究也揭示出，从家长反馈的角度看，65.45%的受访者认为自控力/自主学习能力是影响孩子在线学习效果最关键的因素[②]。本研究团队在疫情期间对河南省中小学 166 198 份学生调查问卷数据的分析也发现，学生在线学习过程中面临的主要障碍所占比例由高到低如下：网络问题（53%）、自我管理能力和自主学习能力不足（52%）、缺少与教师及同学的交流互动（46%）、学习过程中注意力不能集中（43%）等。在对学生问卷开放题"通过此次疫情期间的在家学习，你发现自己在学习上还有哪些不足的地方需要改进"的内容进行文本分析时，许多学生也认识到自己在居家在线学习过程中存在不会自主学习、自主学习能力差、自律性差等问题。

　　教育部有关负责人就五部门《关于大力加强中小学线上教育教学资源建设与应用的意见》答记者问中指出："实践充分证明，线上教育教学资源对于促进学生自主学习、农村地区共享优质教育资源和提高课堂教育教学质量具有重要作用。"[③]本研究对于"视像中国"远程教育实践共同体在线课程学生群体的数据分析也证明，线上线下混合学习是提高学生自主学习能力的有效途径，受到了教师和学生的认可与欢迎。因此，可以通过多种途径加大在线教育资源融入学生校内课程学习的力度和比例，让学生在校内学习的过程中真正能够实现混合学习倡导的"学生的学习过程至少有一部分是通过在线进行的，在线学习期间学生可自主控制学习的时间、地点、路径或进度"[④]，其中"学生自主控制"是其关键特征。因此，混合学习这种新型的以学生为中心的学习方式，为学生的自主学习提供了机会和可能。

---

① 张志勇. 2020-03-11. 居家学习是疫情下的应急方式，也给中小学教育变革带来机遇！这些启示一定要知道[EB/OL]. http://baijiahao.baidu.com/s?id=1660863213202109359&wfr=spider&for=pc[2021-09-19].

② 中国教育科学研究院课题组. 用屏幕照亮前程，用技术跨越障碍——"停课不停学"的中国经验[N]. 光明日报，2020-04-21（14）.

③ 教育部. 20201-02-08. 加强中小学线上教育教学资源建设与应用 助力教育模式变革——教育部有关负责人就五部门《关于大力加强中小学线上教育教学资源建设与应用的意见》答记者问[EB/OL]. http://www.moe.gov.cn/jyb_xwfb/s271/202102/t20210208_512991.html[2021-09-19].

④ 〔美〕迈克尔·霍恩，〔美〕希瑟·斯特克. 混合式学习：用颠覆式创新推动教育革命[M]. 聂风华，徐铁英，译. 北京：机械工业出版社，2015：33.

第二节　新一代信息技术支持的深度混合
学习环境构建

以学生为中心的学习及学习科学非常强调学习的情境性和社会性，学习环境也是学习科学一直以来研究和关注的重要议题之一。

一、从教学环境向学习环境的转变

李秉德是国内较早关注教学环境的研究者，他将教学环境定义为"一种特殊的环境……是学校教学活动所必需的诸客观条件的综合。它是按照发展人的身心这种特殊需要而组织起来的环境"①。之后，对于教学环境的认识形成了狭义和广义两种理解。狭义的教学环境指的是师生双方教与学活动所处的客观环境（即通常所说的物理环境），如学校的建筑、校园、校舍、教室、班级规模、座位编排方式等；广义的教学环境除了物理环境之外，还包括教师与教师、教师与学生、学生与学生等人与人之间的相互作用而形成的心理环境，如师生关系、校风、班风、课堂教学气氛等。

自20世纪80年代末以来，随着建构主义学习理论、情境认知理论、学习科学等的兴起和信息技术的飞速发展，对于学习环境的研究和关注开始兴起，并且逐渐成为多学科共同关注的研究和实践领域。所谓学习环境，是学习者在追求学习目标和问题解决的活动中，可以使用多样的工具和资讯资源，并相互合作和支援的场所。学习者在与学习环境的交互中获取信息，进行意义建构，从而进行深度学习。②良好的学习环境中既有丰富的学习资源，又有人际互动的因素。学习科学认为学习环境包括人（教师、学习者和他人），计算机及其扮演的角色，建筑、教室的布局和环境中的自然物体，以及社会和文化环境。③学习

---

① 李秉德，李定仁. 教学论[M]. 北京：人民教育出版社，1991：294.
② 中国学习计划报告（2018）[R]. 北京：北京大学教育学院学习科学实验室，北京大学基础教育研究中心，2019：139.
③ 〔美〕R. 基思·索耶. 剑桥学习科学手册[M]. 徐晓东等，译. 北京：教育科学出版社，2010：11.

环境的创建旨在通过创设支持学习者进行高阶（深度）学习的条件，以促进学习者高阶知识、高阶能力和高阶思维的发展。

有效的学习环境应具有如下特征：①学习环境最基本的理念是以学习者为中心，学习者在学习环境中处于主动地位，由学习者自己控制学习；②能提供给学习者参与到真实实践的机会，建构与专家问题解决相似的真实的、有意义的实践环境；③考虑学习者已有的经验、知识和问题；④设计和提供各种支持和促进学习者深度学习的支架、策略；⑤支持和促进学习者的对话和协作，设计和提供各种学习与思维工具，以促进学习者知识的外化和观点的表达；⑥有利于学习共同体和实践共同体的形成和再生产。①

二、学习科学视域下学习环境设计的四个维度

在学习科学视域下，设计学习环境是为了给学习者提供知识建构、情境认知和支持，促进他们的概念转变和对知识的深度理解。②在美国国家研究委员会出版的经典的学习科学著作《人是如何学习的：大脑、心理、经验及学校（扩展版）》一书中，研究者提出了学习环境设计的四个维度——学习者中心、知识中心、评价中心和共同体，四者之间以相互支持的方式加以联合，四者之间相互联系、相互支持，形成了一个整体性的设计（图 7-3）。③

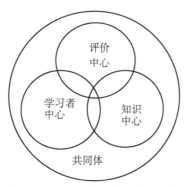

图 7-3　学习环境设计的四个维度

---

① 柴少明，赵建华. 面向知识经济时代学习科学的关键问题研究及对教育改革的影响[J]. 远程教育杂志，2011（2）：3-10.

② 高文. 学习科学的关键词[M]. 上海：华东师范大学出版社，2009：113.

③ 〔美〕约翰·D·布兰斯福特. 人是如何学习的：大脑、心理、经验及学校（扩展版）[M]. 程可拉等，译. 上海：华东师范大学出版社，2013：117-130.

（一）学习者中心

学习者中心的教师承认学生是带着他们的知识、技能、态度、信仰及文化、观念等走进课堂的，这对学生的学习非常重要，必须得到足够的重视。深度学习始于学习者的现有知识、文化实践、信仰，以及他们对学科内容的掌握程度。学习者中心的支持者认为学习不是简单的传授和灌输，学习者是运用他们已有的知识来建构新知识的。学习者中心的环境试图帮助学习者将他们先前学习的知识与当前的学习任务联系起来。

如果把教学看作在学生与教学内容之间打造的一座桥梁，那么以学习者为中心的教师会时刻关注桥的两端，试图了解每个学生，了解他们都知道什么、关心什么、能做什么和想要做什么。

（二）知识中心

学习科学的已有研究表明，完全以学习者为中心的环境并不一定能帮助学生获得他们需要的、能够在社会上立足的知识和技能。知识中心的环境强调学生在理解的前提下学习，鼓励学生寻求教学（学习）的意义。知识中心的环境还强调要培养学生对学科的整体性理解，强调教学要为促进理解而设计。

知识中心的支持者会非常认真地对待学生的学习需求，引导他们在理解的基础上掌握知识，继而使知识得到迁移，最终促进学生的深度学习。另外，知识中心的环境也强调学校及教师要把教学的重点放在能够帮助学生深度理解学科内容的学习活动上。

学习科学关于学习环境设计的观点认为，如果教学以学习者对所学内容的最初理解作为起点，那么知识中心环境和学习者中心的环境就能够很好地达到一致。因此，学习环境设计的知识（理解）中心视角强调课程设计的重要性，强调课程能够在多大程度上帮助学习者理解所学内容，而不是促进学生获得彼此不相关联的事实和技能。

（三）评价中心

评价是学习环境设计中不可或缺的重要环节，评价的关键原理是评价必须提供反馈和回溯的机会，将评价的结果作为改进教育学的反馈信息的来源。评价中心的学习环境非常注重形成性评价和诊断性评价的作用。

（四）共同体

学习科学的新进展表明，学习环境以共同体为中心的程度，对学习也很重要，可以把班级作为一个学习共同体，把学校作为一个学习共同体。从共同体视角分析学习环境，还要考虑学校环境与更大的社区之间的联系。

三、新一代信息技术支持的以学生为中心的智能学习环境建构

混合学习的有效实施离不开高质量、以学生为中心混合学习环境的必要支撑。近年来，信息技术日新月异，移动互联网、云计算、物联网、大数据、学习分析、人工智能等技术在教育教学中的运用越来越广泛，以新一代信息技术为标志的新型智能学习环境也为学生的深度混合学习提供了有力支持。

与过去以心理学为主导的学习研究范式相比，学习科学自诞生之日起就和以人工智能为代表的新一代信息技术有着千丝万缕的联系，例如，学习科学和人工智能二者拥有计算机科学、脑与神经科学、心理学、哲学、语言学等共同的跨学科基础，以学生为中心的智能学习环境是学习科学和人工智能共同关注的重要领域，也是当前学校教育教学变革中的前沿性议题。学习科学为人工智能教育应用提供了方向和理论指引，而人工智能则为新型学习环境的创建提供了技术支持（图7-4）。[①]

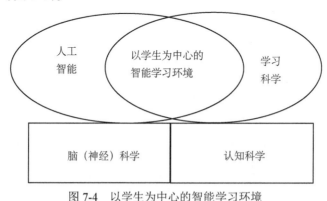

图7-4　以学生为中心的智能学习环境

① 梁林梅，蔡建东，耿倩倩. 疫情之下的中小学在线教学：现实、改进策略与未来重构——基于学习视角的分析[J]. 电化教育研究，2020，41（5）：5-11.

随着人工智能以及教育大数据的不断发展，学习科学研究和理论引领下的以学生为中心的学习环境更加智能化，而技术、数据与学习环境是一种融合的关系，学习环境不断朝智能化、数据化、适应性方面发展，未来学习环境设计的必然趋势是走向线上线下的融合。①以学生为中心的智能学习环境，可以利用物联网技术对温度、光线、声音、气味等参数进行监测，为学生创设安全舒适的物理学习环境；可以借助情境感知技术在自然状态下捕获学习者的动作、行为、情绪等方面的信息，精准识别学习者的特征，全面感知学生的成长状态，提供学习诊断报告、身高和体重走势图、健康分析报告等，为学生的身心健康发展提供有力支持；还可以利用大数据技术对学习过程进行跟踪，了解学生的认知水平以及在学习中存在的优势和不足，提供量身定制的个性化学习路径。②

第三节 以实践共同体组织机制助力混合学习的规模化实施

无论是本书对于全球 K-12 在线教育与混合学习已有研究现状的可视化文献分析与典型案例分析，还是新冠肺炎疫情以来各个国家大规模在线教学的实践驱动，都预示着 K-12 领域的在线教育与混合学习正在发展成为一种全球性的教育变革趋势和新常态，K-12 领域在线教育与混合学习的核心问题已经由"是否必要、是否可行"发展到"如何有效实施"的新阶段。与教育信息化发达国家和地区形成的较为成熟的推动 K-12 领域在线教育与混合学习实践持续发展的在线教育系统结构相比，我国的中小学在线教育与混合学习尚处于起步阶段，大多还停留在个别研究者、学校及小部分教师各自为政的孤立探索层面，目前仍然缺乏区域及学校层面在线教育与混合学习实施的有效经验和典型案例，如何系统化、持续性地有效实施在线教育与混合学习，仍然是未来需要

---

① 塔卫刚. 学习科学视野下学习环境设计研究[J]. 现代教育技术，2018（6）：5-10.
② 曹培杰. 智慧教育：人工智能时代的教育变革[J]. 教育研究，2018（8）：121-128.

解决的关键问题。

实践共同体作为一种与正式的行政管理组织机制截然不同的非正式、开放性组织形态，在推动抗疫新时期线上线下混合学习的持续性、规模化实施方面具有独特的优势和不可替代的作用，可以在一定程度上弥补以行政命令及区域或孤立的学校层面推动混合学习持续、规模化应用存在的不足。一个运行良好的信息化教学应用实践共同体，不但可以助力解决所在地区及学校线上线下混合学习应用中面临的关键问题，还可以促进优质教育资源的跨学校、跨区域共享，实践共同体提供的多种活动和参与、激励机制，也为教师的专业发展和专业成长提供了有效机制。

仅就实践共同体本身的特征和机制而言，在实施的过程中也存在一定的不足：单纯的实践共同体组织形态由于其所具有的基于兴趣、自组织、非正式特征，必然会面临缺乏外在约束和制约的不足。国内外相关研究者及本研究团队对于实践共同体的已有研究表明，离开正式组织环境和支持的实践，共同体是难以持久运行的，实践共同体存在的价值和持久动力也在于其对于所处的正式组织现实问题解决的独特贡献。作为一种非正式组织的实践共同体，它不是凭空产生的，也不是在真空中存在的，事实上其存在和发展与正式组织密不可分，二者在一定程度上是互为补充、互为促进的共生关系。一个运行良好的实践共同体离不开正式组织的大力支持和有意识的精心"培育"，需要教育行政部门的支持和引导。因此，准确地把握和平衡实践共同体与教育行政部门之间的关系，是信息化教学应用实践共同体成功的关键。我们建议以教育行政部门支持和引导下的实践共同体组织形态促进中小学混合学习的规模化持续应用，助力实现抗疫新时期"利用线上教育资源教与学成为新常态"的战略目标。

后　记

　　本书既是作为本人承担的国家社会科学基金"十三五"规划 2016 年度教育学一般课题"基于在线课程的中小学混合学习'USSC'实施模式研究"（课题批准号：BCA160049）的结项成果，同时也是对团队成员作为在高校从事教育信息化理论和发展研究的专业人员在基础教育领域合作开展在线课程开发与混合学习实践十年探索历程的回顾和总结。

　　本书的研究和实践主题源于我在 2012 年有幸结识上海市七宝中学陈圣日老师及一批致力于推动中国基础教育领域在线教育应用和变革的"热心人士"。他们中既有高校的教育信息化研究者，也有教育管理人员、中小学校长、区域教科研人员、电教系统的工作人员和一线教师；既有东部教育发达地区学校的教师，也有中西部地区学校的教师，还有来自香港地区的一批校长和骨干教师；当然，还有致力于推动教育信息化应用和发展的企业及社会机构人员。随着和陈圣日老师交流的不断深入，我初次了解到了 2004 年发起于香港的、致力于推动内地和香港地区中小学网络校际协作的"视像中国"远程教育项目，还有幸认识了"视像中国"项目的发起人黄宝财教授，结识了香港联校资讯科技学会会长梁锦松先生及"视像中国"项目香港地区的一些骨干校长。

　　2012 年，受陈圣日老师之邀，我们团队和北京师范大学教育学部李玉顺教授团队正式加入"视像中国"远程教育实践共同体。十年间，在合作设计和深度参与"视像中国"远程教育实践共同体各项活动的过程中，我们两个团队密切配合，与来自上海市闵行区、宁波市鄞州区、广东省佛山市南海区、河北省唐山市开平区等的教育管理人员、中小学校长及骨干教师深度合作，开展了网络校际交流、在线课程开发和校本混合学习实施、教师微课（在线课程）培训、香港夏令营、航空/航天冬令营、远程教育年会等一系列活动。

　　随着对"视像中国"远程教育实践共同体的了解的深入，我常常被这些校长和老师们对于在线教育及课堂信息化变革的热情、执着感动，我成了共同体中的一员。作为一名研究者，我同时又力图以"局外人"的身份和角色对"视像中国"远程教育实践共同体的实践、发展、活动及师生成长开展跟踪研究，其间指导研究生完成了6篇硕士学位论文的写作，公开发表了多篇核心期刊论文，并于2016年成功申报国家社会科学基金"十三五"规划2016年度教育学一般课题，在2021年以"良好"结项。2021年，我主持的"高校与基础教育协同的信息化教学应用实践共同体机制探索与实施研究"获河南省教师教育教学成果奖一等奖。

本书作为我们团队和"视像中国"远程教育实践共同体长期合作的研究和实践成果总结，在写作的过程中参考和借鉴了共同体成员的许多相关成果，也得到了共同体成员的大力支持，在此表示感谢！其中，包括上海市七宝中学陈圣日老师和宁波市鄞州区教育局许波老师主编的《跨越学校围墙的教育："视像中国"远程教育项目十年追梦》（北京师范大学出版社，2016年）一书，我在河南大学指导的2017届硕士研究生夏颖越、2018届硕士研究生赵柯衫、2019届硕士研究生周昱希及2020届硕士研究生王乔丹的硕士学位论文，许波老师在宁波鄞州区学校的教学研究成果，还包括几年来我们团队对共同体学校的实地调研资料及对共同体校长、教师及学生的访谈资料。

最后，还要感谢那些在不同时期参与"视像中国"中小学在线课程设计、开发、混合学习实施及教师培训的研究生和本科生，感谢河南大学教育学部2019级硕士研究生耿倩倩和2020级硕士研究生丁思杰同学在课题结项及书稿写作过程中所做的资料整理工作，感谢他们的努力和贡献！

梁林梅

于河南大学开封金明校区21号家属院